커플 힐링 시리즈 지도자용

INTIMATE MARRIAGE
Leader's Guide

친밀한 크리스챤 커플을 위한 7가지 성경공부 교재

댄 알렌더, 트렘퍼 롱맨 3세 지음
신겸사 옮김

InterVarsity Press
P.O Box 1400, Downers Grove, IL 60515-1426
World Wide Web: www.ivpress.com
E-mail: mail@ivpress.com

©2005 by Dan B. Allender and Tremper Longman III

All right reserved. No part of this book may be reproduced in any from without written permission from InterVarsity Press.

InterVarsity Press® is the book-publishing division of InterVarsity Christian Fellowship/USA®, a student movement active on campus at hundreds of universities, colleges and schools of nursing in the United States of America, and a member movement of the International Fellowship of Evangelical Students. For information about local and regional activities, write Public Relations Dept., InterVarsity Christian Fellowship/USA, 6400 Schroeder Rd., P.O. Box 7895, Madison, WI 53707-7895, or visit the IVCF website at ⟨www.intervarsity.org⟩.

Unless otherwise indicated, all Scripture quotations are taken from the Holy Bible, New Living Translation, copyright ©1996, 2004. Used by permission of Tyndale House Publishers, Inc., Wheaton, Illinois 60189. All rights reserved.

CONTENTS

교재 사용법 · · · · · · · · · · 4

1 가정 회복 운동 · · · · · · · · 6

2 지도자의 조건과 대가 · · · · · 24

3 여정 시작하기 · · · · · · · · 39

4 혼돈과 갈등 그리고 변화 · · · · 52

5 성경 탐구주제 요약 · · · · · · 68

6 결혼 관련 설교 시리즈 · · · · · 98

부록: 부부 드라마 · · · · · · · 146

교재 사용법

환영합니다! 이 지도자용 안내서는 *커플 힐링 성경공부 시리즈 교재*들을 탐구하는 동안 당신의 유익한 동반자가 되어줄 것입니다.

이 책 제1, 2, 3장에서 당신은 위 시리즈 교재들이 쓰여진 목적과 부부 소그룹 모임을 인도하는 법에 관한 정보들을 접하게 될 것입니다.

또 제4장에서는 추가적인 배경 설명들과 일곱 권의 성경공부 시리즈 교재들을 지도해 가는 데 필요한 도움말들을 얻을 수 있을 것입니다.

제5장은 각 시리즈 교재들의 탐구 주제들의 내용을 요약해서 정리해주고 있습니다.

그리고 제6장에서는 시리즈 교재들의 핵심 주제들을 다루고 있는 네 편의 설교들을 듣게 될 것입니다. 이 설교들은 교회 공동체 전체를 '결혼' 혹은 '부부관계' 라는 한 가지 주제 앞으로 불러 모으는 일에 사용될 수 있을 것입니다.

자유롭게 이 책 이곳저곳을 살펴보십시오. 그리고 당신의 상황에 도움이 될 만한 부분들을 먼저 읽으십시오.

혹 궁금해 하시는 분들을 위해 말씀드립니다. 이 지도자용 안내서의 제1장부터 제4장까지의 주요 저자는 댄 알렌더(Dan Allender)입니다. 그리고 제5장과 제6장의 집필은 주로 트렘퍼 롱맨 3세(Tremper Longman III)가 맡았습니다. 부디 저희 저자들의 삶과 경험이 여러분의 삶의 여정에 격려와 힘이 될 수 있기를 소망합니다.

1

가정 회복 운동

    사랑하는 친구와 함께 마주 앉았다. 그는 얼마 전 결혼생활에 파경을 맞은 신앙심 깊은 친구였다. 그는 울었다. 나도 그랬다. 나는 어찌할 바를 몰랐다. 그저 가슴이 아프고, 화가 났다. 그는 이제 50%가 넘는 이혼율이라고 하는 통계치에 추가되는 또 하나의 '숫자'가 될 참이었다.

    그의 아내는 부부의 연을 끊고 당당하게 떠나갔다. 친구가 자신의 과거 결혼생활에 대해 말하고 있는 동안, 나는 그의 아내의 무책임한 행동에 분노가 느껴졌다. 결국 참다못해 나의 분과 아픈 가슴을 말로써 표현하였지만, 실제로 내가 해줄 수 있는 것은 아무 것도 없었다. 내 친구의 결혼을 '구원' 해주거나, 그를 고통으로부터 보호해주거나, 또는 거의 30년 가까이 되었던 결혼생활의 파국을 위로해줄 그 어떤 것도 말이다.

    그는 분명 부부간의 '정절'과 '성실함'과 '책임감'으로부터 멀어지고 있는 이 세상 문화의 '희생자'이다. 하지만 '무고한' 희생자는 아니다. 그 친구 역시 부부간의 갈등으로부터 도피하는 행위를 통해서 자신의 결혼생활에 적지 않은 타격을 입혀왔기 때문이다. 그는 무너져가는 자신의 부부관계를 바로 잡기 위한 싸움을 거절했던 것이다. 부부관계가 병들어 있음을 보여주는 많은 증후들을 외면하고 그냥 넘어가는 것이 아내 사랑인양 생각하면서 말이다. 그는 사랑의 실패를 인정하고, 관계상의 문제들을 직시하기를 계속적으로 거부해왔다. 결국 그의 용기 없음과 아내의 무관심이 마치 '암세포'가 그러하듯, '부부'라고 하는 그들의 '몸'을 먹어치웠던 것이다.

결혼이 파탄 나는 경우, '무고한' 희생자란 없다. 심지어 상대 배우자의 외도와 같은 명백한 잘못으로 인해 결혼이 깨어지는 경우에조차도, 거기엔 그 이상의 더 많은 이야기들이 존재한다. 이혼은 '승자 없는 비극'일 뿐이다.

내가 분명히 믿는 바는 행복한 결혼생활을 위해서는 '두 사람'이 필요하다는 것이다. 그러나 그것을 망치는 일에는 '한 사람'으로도 충분하다. 물론 이 슬픈 사실이 모든 결혼에는 '두 사람의 죄인'이 있다는 것을 부정하는 것은 아니다. 하지만 부부관계가 회복될 수 있는 길이 부부 중 '한 사람'의 부정함이나 가혹함에 의해서 완전히 파괴될 수 있다는 것이다. 그러나 또 이 말을 남편이나 아내 모두 '죄인들'이기 때문에 부정을 저지르거나 학대를 가하는 배우자가 그렇게 된 것 또한 모두 상대 배우자의 죄로 인한 것이라는 뜻으로 받아들여서는 결코 안 될 것이다. 그렇게 이해하는 것은 이단사설이다.

오히려 피해를 당한 배우자는 기도할 만큼 건강하고 열정적이고 용기 있고, 문제와 씨름하며, 친밀함을 시도하며, 외부의 도움을 구하는 사람이었을지도 모른다. 가해자에 가까운 상대 배우자가 변화를 위한 아무런 노력도 하고 있지 않는 상황에서 혼자서 애를 쓴 그 사람은 '희생자'이며, 부부의 사랑을 회복하기 위하여 힘을 썼다는 점에서 고독한 '영웅'일 수 있다.

장담하건대, 당신 또한 이 복잡한 부부 관계상의 갈등들을 언젠가 마주대하게 될 것이다. 이 사실을 교묘하게 감춰보려는 시도는 별로 도움이 못 된다. 당신의 사명은 최선을 다해 진리를 추구하는 일에 충실하는 것이며, 이혼의 과정 속에서 큰 상실감을 겪고 있는 사람들에게 소망을 주는 것이다.

더 이야기 하자면, 이혼 가정의 자녀들이야말로 '무고한 희생자'들이다. 이혼이 부부 자신들에게나 자녀들에게 이득이 될 것이라는 주장은 '자기기만'일 뿐이다. 그것은 전혀 사실이 아니다. 물론 이혼이 필요한 경우도 있을지 모르겠으나, 그것은 언제나 거의 회복 불가능한 수준의 상처를 몰고 오게 되어있다.

내 친구의 경우, 그들 부부의 이혼은 누구의 잘못인가? 물론 훌쩍 떠나버린 그의 아내가 문제일 것이다. 그러나 그녀의 남편이었던 내 친구 또한 책임을 면할 수는 없다. 그는 자신의 부부관계를 갉아먹고 있는 그 '암 덩어리'를 퇴치하기 위해 도움을 구하지 않았기 때문이다. 하지만 더 솔직하게 이야기 하자면, 나 자신 역시 책임이 있다. 중요한 의미에서, 나의 책임이 크다. 결국 그들 두 사람 모두 나의 친구였기 때문이다. 나는 그들의 사랑에 문제가 있음을 눈치 채고 있었지만, 거의 아무런 말도 하지 않았다. 그들 부부의 관계가 이혼의 증후를 보이기 시작한지 오랜 시간이 지날 때까지도 나는 그들에게 필요한 충고를 해주지 못했다. 부부가 이혼할 경우, 상대방을 탓하는 것은 어찌 보면 당연한 일이긴 하지만 결코 건강한 일은 아니다. 무엇보다도 먼저, 우리는 상대의 눈 속에 있는 '티' 보다 내 자신의 눈 속에 있는 '들보'를 보아야만 하기 때문이다.

- 우리는 우리 자신의 부부관계나 우리 친구들의 부부관계에서 문제들을 발견하게 될 때, 배우자에게나 친구들에게 그것들에 대해 말해주는가?
- 우리 부부관계의 모습은 어떠한가? 우리는 우리의 부부관계의 모습을 통해서 다른 부부들을 정직함과 겸손 그리고 소망으로 초청하고 있는가?
- 우리는 우리 이웃과 지역 사회와 교회 공동체 내의 부부들을 세워주고 후원하고 격려하기 위해 무슨 일을 하고 있는가?

우리 자신을 합리화하는 일은 너무 쉽다. 우리는 이렇게 변명할 수 있다. "저는 그냥 남의 결혼생활에 콩 나라 팥 나라 함으로써 친구들의 기분을 상하게 하는 것이 두려웠어요. 참견하기 좋아하는 사람으로 비치는 게 싫었거든요." 또 우리는 이런 식으로 생각하며 자신을 정당화 할 수도 있다. "아니 지금 내 아내하고도 같이 앉아 이야기할 시간이 없는데, 다른 집 부부들이 어떻게 살고 있는지 신경 쓸 여유가 어디 있어? 그리고 솔직히, 이 악한 세상의 흐름을 나 같은 사람이 혼자서 어떻게 막을 수 있겠냐……"

> 만약 이 책을 읽고 있는 모든 사람들이 별 것 아닌 것 같은 이 일을 실제로 행하게 되다면, 그 결과가 어떠할 것 같은가? 상상이 가는가? 믿을 수 없을 만큼 짧은 시간 안에, 엄청난 수의 부부들이 '진리' 와 '소망' 의 손길의 만짐을 경험하게 될 것이다.

다음의 충고는 결코 '거창해' 보이는 것은 아니다. 그러나 그대로 실천하게 될 때, 엄청난 반향을 불러일으키게 될 것이다. 당신이 결혼에 관해 하나님께로부터 배우 바를 두 쌍의 부부들에게 이야기해주라. 그리고 그들도 그와 동일한 일을 하도록 초청하라. 또 다른 두 쌍의 부부들을 격려하는 일을 말이다. 만약 이 책을 읽고 있는 모든 사람들이 '별 것' 아닌 것 같은 이 일을 실제로 행하게 되다면, 그 결과가 어떠할 것 같은가? 상상이 가는가? 믿을 수 없을 만큼 짧은 시간 안에, 엄청난 수의 부부들이 '진리' 와 '소망' 의 손길의 만짐을 경험하게 될 것이다.

그렇다면, 도대체 '무엇을' 우리 자신과 사람들에게 가르쳐야 하는가? 그리고 또 그것을 '어떻게' 다른 사람들과 나눌 수가 있을까?

당신이 지금 펼쳐든 이 책이 이 시대의 가정을 무너뜨리고 있는 '영적 암 덩어리' 와 대적하여 싸울 수 있는 몇 가지 도구들을 제시해주고 있다.

1. 부부관계에 관한 책

결혼의 신비(The Intimate Mystery)는 창세기 2:18-25에 나와 있는 결혼제도의 성경적인 모형에 관한 이야기에 초점을 맞추고 있다. 특히 이 책은 부부들에게 주시는 하나님의 '세 가지 명령' 의 핵심 개념들을 탐구하게 된다. 그 '세 가지 명령' 이란 결혼하기 이전에 맺고 있었던 사랑의 관계들을 '떠나라' 는 것이며, '연합하여' 새로운 하나의 삶을 엮어가라는 것이며, 육체적인 결합을 통하여 '한 몸을 이루라' 는 것이다. 이 책은 단순히 '방법론' 을 가르쳐주기보다는 독자들을 탁 트인 장관이 내려다보이는 높은 '전망대' 위로 걸어 올라가도록 한다. 그리고 그곳에서 그들은 '어린양의 혼인 잔치' (계 19:6-9)라고 하는 최종 목적지에 도달하기 위해 자신들이 이 땅에서 건너야할 지형에 대한 전체적인 그림을 보게 될 것이다.

우리는 성경공부에 참가하는 모든 부부들이 각각 이 책과 펜을 준비하여 자신의 관심을 끌거나 또는 더 깊은 묵상과 토론이 필요한 부분들에 표시를 해나가면서 이 책을 탐구해갈 것을 적극적으로 추천한다. 성경공부 모임이 시작되기 이전이나 혹은 성경공부 초반에 먼저 이 책을 읽는다면 더욱 이상적일 것이다.

2. 성경공부 시리즈 교재들

이 교재는 전부 일곱 권으로 이루어진 소책자들이다. 각각의 교재들은 여섯 개의 장(章)들로 구성이 되어져있다. 그리고 그 각 장(章)들은 중요한 성경 말씀들을 프리즘으로 삼아 결혼생활의 핵심적인 기쁨들과 아픔들을 분석하고 해석하게 될 것이다. 이 교재들은 성경공부 그룹모임에서 사용할 수 있도록 설계 되었다. 성경공부 반원들 각자가 자신의 교재를 한 권씩 가지고 있는 것이 좋으며, 성경공부 훨씬 전에 이 교재들 속의 말씀들을 개인이나 부부가 함께 읽어본다면 더욱 좋을 것이다.

그러나 이 교재들은 그룹모임에서만 사용할 수 있는 게 아니다. 부부들이라면 누구라도 이 책들을 함께 공부할 수 있다. 서로 의사소통이 잘 되고 있고, 육체적인 친밀함에도 문제가 없는 부부들도 이 교재들의 탐구주제들을 같이 공부해감을 통해서 자신들의 부부관계를 더욱 더 풍요롭게 만들 수가 있다. 또는 부부 중 어느 한쪽이 먼저 이 교재들을 공부한 후, 다른 한 쪽에게 소개를 하는 식의 접근 방법도 가능하다. 한 마디로 말하자면, 그룹모임이나 부부나 혹은 개인이나, 모든 사람들이 유익하게 이 교재들을 활용할 수 있다는 뜻이다.

우리는 이 소책자들을 성경공부 모임에서 어떻게 가르치는 것이 최선인지 한정지을 수가 없다. 아마도 부부 지도자가 성경공부를 인도하는 것이 가장 이상적일 듯싶다. 서로 부족하지만 정직한 부부관계의 모습을 보여주거나, 그룹모임에서 내비치는 복잡한 부부간의 문제들을 일대일로 상담해주는 일이 용이할 것이기 때문이다. 하지만 여성 지도자가 음란물 중독을 시인하는 남성 반원과 추후에 만나 더 깊은 대화를 나누는 일이나, 남성 지도자가 여성 반원에게 전화를 걸어 낙태의 경험이나 상습적인 중독의 문제들에 대해 이야기를 나누는 일은 피하는 것이 좋을 것이다. 또 미혼인 지도자나 남성 지도자나 여성 지도자 중 어느 한쪽이 지도하는 일이 필요한 상황들도 있을 수 있다. 그러나 부부가 함께 가르치지 않는 경우, 효과 면에서 손실이 있을 수 있다. 하지만 아무리 그렇다고 해도, 부부가 같이 지도하지 않으면 절대로 안 된다는 생각보다는 어떤 방식으로든 이 교재들이 공부되어지는 쪽을 우리는 희망한다.

우리는 또한 이 교재들이 '여성 성경공부반'이나 '남성 성경공부반' 혹은 교회 내의 '남선교회'나 '여선교회'에서 공부되어진다면, 그 선한 영향력은 막대할 것이라고 믿는다. 그리고 그런 모임에서는 남성 지도자나 여성 지도자 중 한 사람만이 그 모임을 지도하는 것이 좋을 것이다. 물론 부부들이 같이 모이고 부부 지도자가 함께 인도하는 모임에서 찾아볼 수 있는 깊이와 풍성함 등의 일부는 없을지 모르겠지만, 남편이나 아내가 없는 상황에서만 이야기할 수 있는 또 다른 차원의 진술한 토론이 이루어질 수도 있을 것이다.

감사하게도, 우리는 어느 것이 최선인지 알지 못한다. 따라서 성경공부 반원들의 유익을 위해 최대의 효과를 이끌어낼 수 있는 형태의 성경공부반을 구성하는 것은 지도자들의 특권이자 책임이 될 것이다.

부부관계에 관한 성경의 지혜를 깊이 탐구하기 위해서 한 그룹 모임이 이 일곱 권의 소책자들을 자세히 공부하는 데는 대략 일 년 정도가 걸릴 수 있다. 모든 교재를 다 공부하기가 어려운 경우에는, 제1권 *결혼의 목적(The Goal of Marriage)*편을 먼저 탐구할 것을 강력히 추천한다. 그리고 이 교재를 끝낸 후에는, 부부들로 하여금 그들의 관계를 더욱 성장 성숙시키는 일에 매진할 수 있도록 하는 데에 가장 도움이 될 만한 교재를 최소한 한 권 이상 더 다룰 것을 권장한다.

3. 지도자용 안내서

이 지도자용 안내서는 당신이 지도하고 있는 반원들을 지상으로부터 강하고 겸손하고 소망 넘치는 부부관계의 고도로까지 끌어올리는 데 필요한 지침들과 계획표를 제공하고 있다. 물론 노련한 안내자보다 더 나은 지도는 없겠지만, 이 안내서를 지도처럼 사용한다면, 이 책은 성경공부 지도자로서 섬기고 있는 당신의 자신감을 한층 더 북돋아줄 것이다.

이 안내서는 당신이 명백한 오류들을 피할 수 있게 해줄 것이다. 그리고 반원 부부들의 갈등과 문제들이 놀랄 일이거나 실패한 관계의 증거들이라기보다는 이미 예견되었던 바이며, 관계의 성장과 성숙을 위해서 꼭 필요한 과정들이라는 사실을 알게 해줄 것이다.

이 안내서는 또한 부부들의 성장을 돕는 법과, 좋은 지도자가 갖추어야 할 요건과, 목표가 있는 풍성한 모임 운영의 방법과, 하나님의 은혜와 지혜로써 예상치 못한 문제들에 대처하는 법 등에 관한 핵심 원리들을 소개하고 있다. 그밖에도 이 지도자용 안내서를 강단의 지원을 받는 좀 더 공식적인 교회 차원의 교재로서 사용하기를 원하는 지도자들을 위해, 우리 저자들은 이 안내서 속에 결혼과 부부관계에 관한 네 편의 설교문을 제공해놓았다.

말씀의 간명함과 심오함

<u>우리는 부부관계를 정상으로 되돌릴 '자력구제 원칙들' 이 필요한 것이 아니다.</u>

지난 수십 년 동안, 그리스도인들은 소위 '실용적이고 실행 가능한 자력구제' 라고 하는 늪에 빠져 허우적거려왔다. 문화적으로, 우리는 시간과 힘이 부족한 중에서도 요구사항이 많은 사람들이다. 우리는 즉각적인 '답' 을 원한다. 하지만 그 답들은 대부분 문제만을 더욱 복잡하게 만드는 답들이다. 이러한 성향은 우리를 '원활한 의사소통', '갈등해결', '성문제' 등에 관한 '답' 들과 '기술' 들을 제공하는 세미나나 프로그램들로 내몬다. 하지만 그러한 시도들 후에도 근본적인 변화가 일어나지 않을 때, 우리는 처음보다 더욱 더 깊은 무력감에 빠지게 된다. '전문가들도 도울 수 없다면, 나의 해결책은 무엇인

가?' '나의 희망은 어디에 있는가?' 하고 말이다. 많은 사람들에게 있어서 유일한 희망은 그저 일이나 아이들에게 혹은 교회활동에 더욱 몰두함으로써 부부간의 문제로부터 도피해버리는 것이다. 문제를 회피하는 것은 죽어가는 결혼생활에 약간의 시간을 벌어줄 수는 있을 것이다. 그러나 그것은 오직 '변화는 불가능하다' 는 절망감만을 증폭시켜줄 뿐이다.

우리 시대의 사회적 병폐들에 대해 불평하고 있는 것만으로는 충분하지 않다. 옛날의 순진하고 순수했던 그 시대를 그리워하며 그저 향수에 젖어 있는 것 또한 결코 지혜롭지 못하다. 더 이상 엎질러진 물을 주워 담을 수 없듯이, 다이어트나 운동을 한다고 해서 우리의 몸을 더 젊어지게 만들 수는 없다. 우리는 우리가 처한 지금의 상황과 형편을 수용해야만 한다. 그리고 물을 수 있어야 한다. "지금 내가 할 수 있는 일이 무엇인가?" 하고 말이다.

> 회복은 단순히 부부들에게 몇 마디의 도움말이나 몇 가지 성경적인 유효한 원칙들을 제시해준다고 일어날 수 있는 일이 아니다.

한 세대 전만 하더라도, 교회 지도자들은 극소수의 몇몇 가정들을 제외한 나머지 모든 가정들이 든든하다고 안심할 수 있었다. 그러나 요즘은 교회 내의 모든 부부관계들이 언제든 서로의 무관심 속에서 파경을 맞거나 그 빛을 잃어갈 수 있다고 생각하는 것이 훨씬 더 현실적일 정도이다. 그리고 실제로도 의도적으로, 계속적으로 부부관계들이 회복되지 않는다면 정말로 대재앙으로 끝이 날 수도 있는 형편이다. 회복은 단순히 부부들에게 몇 마디의 도움이 되는 말이나 성경적인 유효한 원칙들을 몇 가지 제시해준다고 일어날 수 있는 일이 아니다. 더 나은 '방법론' 을 가르쳐주는 것 훨씬 그 이상의 일이 필요한 때이다.

우리는 하나님께서 우리의 결혼을 세우라고 명령하신 그 '기초석' 으로 돌아가야만 한다. 그것은 창세기 2:24에 아주 잘 압축되어져 있다. 이 짧은 명령의 말씀은 세 가지 핵심 원칙들로 구성되어져 있다. 첫째는 당신의 부모를 <u>떠나라</u>는 것이고, 둘째는 정신적이고 영적인 친밀함으로 <u>연합하라</u>는 것이고, 셋째는 순수하고 기쁘고 부끄러움 없는 육체적인 결합을 통해 <u>한 몸을 이루라</u>는 것이다. 이 말씀을 이해하고 실행하는 일은 굉장히 단순하면서도 놀랍도록 심오한 일이다.

'자력구제'와 '빠른 답'을 원하는 오늘날의 문화 속에서, 우리는 무엇을 해야 하는지 바로 이해가 가지 않거나 분명한 지침이 제시되어지지 않는 경우들을 극도로 싫어한다. 예를 들면, '부모를 떠나라' 하는 말의 의미가 무엇인가? 잘 이해가 되지 않는다는 것이다. 그러나 성경에서 말씀하고 있는 '떠나기'는 단순히 '지리적'으로나 '재정적'인 면에서의 떠남을 가리키는 것이 아니다. 그것은 다음과 같은 훨씬 더 예민한 질문을 내포하고 있는 문제이다. "나의 가장 큰 사랑의 무게를 누구에게 둘 것인가? 나의 과거의 관계들인가? 나의 부모님인가? 아니면 나의 배우자인가?"

당신의 성경공부반 반원들 중에는 수십 년간 결혼생활을 해오면서도 이런 질문을 진지하게 생각해본 적이 한번도 없는 부부들이 있을 수 있다. 또 어떤 반원들은 그런 질문이 너무 뻔한 것이거나 단순한 것이라고 혹은 너무 기분 나쁜 것이거나 난해한 것이라고 무시해버리기도 할 것이다. 이 책을 통해서 우리가 수행하고자 하는 임무는 사람들로 하여금 위 하나님의 명령의 통쾌한 간명함과 그 섭리의 막대한 심오함을 볼 수 있도록 돕는 것이다. 그분의 말씀과 계획은 우리가 다 이해하기에는 우리의 평생이 걸려도 모자랄 것이다.

'정직' 과 '소망'

<u>우리는 우리의 결혼 이야기가 영광스런 목적지를 향해 '성화'되어 가고 있다는 맥락 속에서 '진실'을 말해야만 한다.</u>

이 시리즈 교재들이 지향하고 있는 한 가지 중심 진리가 있다. 그것은 '이미 그러나 아

직(already and not yet)'의 진리이다. 우리는 예수 그리스도의 '부활'과 '재림' 그 '중간 시대'에 살고 있다. 따라서 '악'은 여전히 존재한다. 그러나 그것의 멸망은 확실하다. 그리스도인들은 거룩해지고 있다. 그러나 여전히 하나님과 다른 사람들에 대해 죄를 범하기도 한다. 우리의 영광은 보장되어있다. 그러나 아직 그 영광이 현실은 아니다.

많은 신학자들이 이 진리를 강조하여 왔으며, 우리가 '성도'이자 '죄인'인 사실을 상기시켜왔다. 우리는 이미 구원받았다. 그러나 아직 구원을 기다리고 있는 중이다. 이러한 사실은 나에게도 나의 결혼생활에 대한 안도감을 제공해준다. 현실을 정직하게 인정하면서도 동시에 미래에 대한 소망을 가질 수 있는 여지가 있기 때문이다. 어떤 점에서는 나의 결혼생활도 엉망이다. 내 자신과 나의 아내 모두가 '죄인'이기 때문이다. 그러나 언젠가 우리의 부부관계는 영광스럽게 변화할 것이다. 왜냐하면 또한 우리 둘 다 '성도'이기 때문이다.

'정직'과 '소망'은 함께 가야만 한다. 현실에 대한 정직한 인정 없이 소망만 가지게 된다면, 나는 맹목적인 낙관주의자가 된다. 현실을 정직하게 수용하지 않으면, 내 자신이나 나의 배우자 그리고 우리의 부부관계에 대해서도 진실을 말하지 않게 된다.

반면에 또 문제 많은 현실에만 정직하고 소망을 갖지 않는다면, 나의 눈은 완전히 닫혀 버리고 말 것이다. 나는 오직 갈등과 문제점들만을 보게 될 것이며, 불가능해 보이는 것에 도전해볼 엄두조차 내지 못하게 될 것이다. '소망' 없는 '현실'의 결국은 '구원의 거부'이다.

내가 이미 구원받았다면, 나는 내 자신과 내 배우자의 죄에도 불구하고 소망을 껴안을 수 있다. 구원에 대한 확신은 나의 죄가 아무리 추악하고 어둡게 보이는 것이라 할지라도, 그 모든 죄가 씻김 받았다는 진리를 나로 하여금 외치게 만들어줄 것이다. 나의 '죄에 대한 정직한 인정'과 나의 '미래의 구원에 대한 확실함'을 함께 붙잡고, 이 두 빛 속에서 걸어갈 때, 나는 흔들림 없는 부부관계를 세울 기초를 갖게 되는 것이다.

> 만약 나의 아내와 내가 공동체와 분리되어 따로 살아간다면, 불가피하게 늘어만 가는 긴장과 갈등들을 견뎌줄 관계의 줄에 충분한 내구력을 실어줄 수가 없다. 우리에게는 우리의 부부관계를 위기에서 건져주고 성장하도록 도와줄 다른 부부들이 필요하다.

그러나 '이미 그러나 아직' 이라는 이 쌍둥이 진리를, 상기하고 기억하며 사는 일이 항상 쉬운 것만은 아니다. 그런데 감사한 것은 그리스도인의 삶이란 혼자 살아가도록 되어 있지 않다는 사실이다. 우리는 우리의 실패에 대한 현실과 영광스런 미래에 대한 소망을 공동체 안에서 발견하게 된다. 그리고 그것이 바로 이 시리즈 교재들을 같은 '순례자' 이자 '나그네' 인 다른 그리스도인들과 함께 공부하게 될 때 최고의 효과가 나타날 수 있는 이유이기도 하다.

요즘 같은 시대에는 결혼에 관한 책을 한두 권 읽고, 부부가 함께 강연을 한두 개 듣는 정도로는 충분치 않다. 만약 나의 아내와 내가 공동체와 분리되어 따로 살아간다면, 불가피하게 늘어만 가는 긴장과 갈등들을 견뎌줄 관계의 줄에 충분한 내구력을 실어줄 수가 없다. 우리에게는 우리의 부부관계를 위기에서 건져주고 성장하도록 도와줄 다른 부부들이 필요하다. 이것이 바로 우리가 독자들이 소그룹 속에서 살아갈 수 있는 '교육과정'을 만들어낸 이유이다. 이 '교육과정' 은 그저 결혼관계에 초점을 맞춘 '평범한' 소그룹 성경공부 모임용이 아니다. 이것은 개인의 심오한 변화를 위한 촉매제로서 의도되었다. 이것의 목적은 부부들로 하여금 그들의 과거와 미래를 도적질해갈 수 있는 은밀하면서도 명백한 그리고 개인적인 방해 요소들에 대적하는 일에 도움을 주기 위함이다.

결혼에 대한 네 가지 핵심 전제들이 우리의 작업에 방향타 역할을 해주었다.

- 결혼은 자녀를 양육하고, 하나님의 영광을 드러내며, 시대의 문화를 회복시키는 가장 중요한 제일차적 공간이다.

- 완벽한 부부는 없다. 어떤 부부들은 깊은 고통 중에 있으며, 이혼의 위기에 처해있기도 하다. 또 다른 부부들은 평화로워 보이기도 한다. 그러나 안정된 결혼생활에도 갈등은 있게 마련이고, 변화를 필요로 한다.
- 부부관계는 낭만적인 사랑의 감정을 불러일으키고, 좀 더 원활한 의사소통을 추구하고, 더 많은 시간을 함께 보내고자 하는 몇 가지 새로운 방법들을 시도한다고 해서 좀처럼 변화되는 것은 아니다.
- 부부관계의 변화는 '복음'과의 깊고도 빈번한 만남을 통해서만 가능해진다. '복음'은 우리의 본모습을 폭로해주며, 우리의 갈증을 해소시켜줄 수 있는 한 '영원한 샘'으로 인도해주기 때문이다.

우리의 최고의 바람은 독자들에게 '가정회복 운동'을 펼쳐갈 수 있는 자원을 공급해주는 것이다. 우리 시대에는 단순히 정보의 보급만으로는 부족하다. 정보 이상의 것이 요구되어진다. 우리에게는 '하나님의 말씀'이신 삶을 변화시키는 '예수 그리스도' 그분과의 인격적인 만남이 필요하다. 따라서 교회의 가정회복 운동은 많은 교회들이 하고 있듯이 그저 결혼에 초점을 맞춘 의례적인 연례행사 그 이상이 되어야만 한다.

어떻게 그런 운동이 시작될 수 있을까?

하나님의 영이 우리 속에서 역사하셔야만 한다. 진정한 변화는 인간의 노력의 결과물이 아니다. 그것은 성령님의 임재로부터 나오는 확신과 치유 없이는 결코 이루어질 수 없는 것이다. 그러나 물론 개인의 깊은 변화를 위한 탄탄한 기초 작업을 위해 우리가 해야 할 일들이 있다.

첫째로, 우리는 진실을 말해야만 한다. 우리는 우리 자신의 것을 포함하여 부부관계에 대하여 정직하게 이야기해야만 한다. 그러나 많은 사람들이 주저할 것이다. "제가 만약 진실을 이야기한다면, 저는 제가 하는 일이나 교회 사람들로부터의 존경을 유지할 수 없게 될 것입니다." 하지만 어떤 이들에게 이것은 그저 핑계일 뿐이다. 그들은 얼마든지 진실을 말할 수도 있다. 단지 자신이 원하지 않을 뿐이다. 그러나 또 어떤 이들에게는 이것은 정말로 비극적인 현실일 수도 있다.

> 모든 결혼은, 원만한 결혼들까지 다 포함해서, 깊은 결함을 안고 있다.

확실히 우리는 '혼돈의 시대' 속에 살고 있다. 우리는 잘못을 인정하지 않는다. 우리 모두는 결점들을 가지고 있지만, 그 사실을 고백하지 않는다. 우리는 잘못과 결점들이 우리 자신의 행위의 결과라는 사실을 거부한다. 그것들은 단지 성격이나 부모의 부족한 양육방식의 열매라고 치부해버린다. 우리는 놀랍도록 죄를 죄로 인정하기 싫어한다. 그러나 성경공부 시리즈 교재들은 모든 결혼들이 깊은 결함을 안고 있다는 전제하에서 출발한다. 원만한 결혼들까지도 다 포함해서 말이다. 그리고 모든 문제들의 핵심에는 내 자신 속의 '들보'와 직면하고 그것과 싸우기를 거부하는 교만이 자리하고 있다. 만약 당신이 자기만족과 자기안일을 넘어서서 성장하기를 원한다면, 당신은 진실에 의해 '더러워질' 각오를 해야만 한다. 우리 자신이 얼마나 하나님의 은혜가 필요한 존재인지를 우리 자신과 다른 사람들이 볼 수 없도록 우리 자신을 그 뒤에 숨겨두고 있는 우리의 어리석은 겉모습들을 벗어던져야만 한다.

따라서 우리는 당신에게 다음과 같이 강력하고도 진지하게 경고할 필요성을 느낀다. "만약 당신이 당신 자신과 다른 사람들과 그리고 하나님에 대하여 정직하게 진실을 말하기를 원치 않는다면, 이 책을 덮어버리라. 그리고 다른 책들을 찾아보라."

유명한 해병대 모집 광고문을 인용해서 말한다면, 가정회복 운동은 "소수의 정예 부부들을 찾고 있다." 그리고 진정으로 '좋은 부부'들이란 자신들이 '좋은 부부'가 아니라는 사실을 알고 있는 부부이다. '선한 그리스도인'이라고 불리는 것은 그야말로 모순어법이다. 왜냐하면, 정말로 '선한 그리스도인'은 자신이 '악한 그리스도인'임을 알고 있기 때문이다. 이와 마찬가지로, '좋은 부부'들이란 자신들이 얼마나 더 성화되어져야만 하는 자들인지를 인정하는 부부들이다. 결혼은 '두 죄인들'로 이루어진다. 이 둘은 그들이 아무리 성숙한 자들이라 해도, 하나님으로부터 멀리 멀리 떨어져있는 자들이며, 오직

"내가 믿나이다. 나의 믿음 없는 것을 도와주소서!"라고 외칠 수 있을 때에만 하나님께 가까운 자들이 되는 존재들이다.

성경적인 정직함에 대해 가장 이상하고도 놀라운 사실은 그것이 사람의 마음을 소망으로 깊이 채워준다는 것이다. 만약 소망이 '일련의 단계들'이나 '실행 가능한 법칙들'을 수행함에 그 기초를 두고 있다면, 그것은 필시 교만과 오만함으로 나아가게 될 것이다. "우리는 법칙들을 알고 있습니다. 그리고 하나님의 도우심으로 성취해낼 수 있는 힘도 가지고 있습니다." 이 말은 성경적으로 들릴 수도 있다. 그러나 이것은 악한 거짓말이다. 이것은 '율법주의'며, '자기 의'일 뿐이다.

구원에 대한 소망과 더불어, 실패를 인정하는 정직한 겸손은 하나님의 임재에 대한 열망에 더욱 불을 지핀다. 그리고 우리의 삶이 그분의 뜻과 일치하게 될 때, 놀라움과 감사가 나오게 된다. 이것이 '자기 의'에 기초한 거짓 소망이 아닌 진정한 소망이다. 내 자신의 형편없음에 대해 정직하면 정직할수록, 나는 내 자신을 더욱 하나님의 은혜에 의뢰하게 된다. 그리고 그럴수록 감사는 더욱 더 커지게 된다. 또한 내가 나의 배우자에 대해 더 많이 감사하면 할수록, 우리의 부부관계는 더욱 더 좋아지게 된다. 아무리 나의 남편이나 아내가 내가 얼마나 십자가가 필요한 존재인지를 폭로해주더라도 말이다. '정직함'과 '진정한 소망'은 참된 짝이다.

이것은 당신에게 어떤 의미가 될 것 같은가? 복음이 그러하듯, 이 질문에 대한 대답 역시 당신이 예상했던 것보다 훨씬 더 깊이가 있다. 만일 당신이 이야기의 전모를 미리 다 알아야만 직성이 풀리는 성격이라면, 당신은 필사적으로 도망칠 준비를 하거나 아니면 당신의 인생 전체가 변화될 각오를 해야만 할 것이다. 우리는 모든 인간의 마음속에 내재하고 있는 따라서 모든 부부관계 안에도 존재하고 있는 상처나 실망감이나 갈등 속으로 빠져들어 가서는 안 된다. 우리는 지금 천사도 걷기를 두려워할 '결혼'이라고 하는 길을 걷고 있는 것이다.

너무 과장되어 있다고 생각되는가? '복음'은 더욱 '과격'하다. 하나님은 우리를 변화시키시기 원하시며, 종종 전혀 예상치 못한 방식으로 그렇게 하신다. 그분께서 우리의 삶에 어떻게 역사하실지는 예측할 수 없다. 이 책을 펼쳐들었다는 것은 영혼의 복잡한 미로

속으로 들어온 것이다. 나는 성경공부 모임을 인도하며 부부들의 마음속 문제들을 이야기 할 때마다, 동일한 기도로 시작한다. "주님, 당신의 자비와 인자로써 저희와 함께 해 주소서!"

왜 이성적이고 똑똑한 사람들이 굳이 긁어 부스럼을 만들려고 달려드는가? 왜 문제를 그냥 회피해 버리려고 하지 않는가? 그 대답은 간단하다. 우리는 '구원'을 열망하기 때문이다. 우리는 '극적인 반전'을 소망하기 때문이다. 그리고 우리는 이 시대의 '가장 치열한 전투'를 위해 선택받은 자들이기 때문이다. 이 전투는 '부부'라고 하는 '핵심 전투부대'를 깨트리기 위해 역사하는 악한 영의 세력과 맞서는 싸움이다. 만약 당신이 이 '불가능한 임무'에 도전한다면, 당신은 현재의 삶의 기쁨과 다가올 미래의 영광을 거두게 될 것이다. 그리고 그렇다면, 이 모험에 한번 뛰어들어보지 않을 이유가 없지 않겠는가?

홀로 그리고 함께

'구원적인 관점'에서의 부부문제에 대한 접근은 사람들이 언젠가 도달하게 될 그 수준에 이미 도달한 것으로 기대하기 보다는 그들의 현재 있는 그대로의 모습으로부터 시작해야만 한다.

그런데 만약 남편이 성경공부 모임에 참여하려고 하지 않는다면, 어떻게 해야 할까? 남편은 너무 바쁘다고 말하거나, 꽉 짜인 일정에 또 다른 '업무'를 추가할 수 없다고 이야기할지도 모른다. 물론 이 말이 사실일 수도 있다. 그러나 그는 자신의 부부관계가 지금 위험한 상황에 있다는 사실을 회피하고자 일 핑계를 대고 있는 것이다. 또는 드러내고 싶지 않은 비밀스런 죄 속에서 갈등하고 있는 중인지도 모르겠다. 혹은 자신의 결혼생활보다도 더 큰 기쁨과 의미를 주고 있는 은밀한 열정을 품고 있기에, 성경공부 모임에 참석한다는 것이 인생이 결딴나는 것을 의미할 수도 있기 때문일 수도 있다.

그 누구도 다른 사람의 마음을 완전히 그리고 정확하게 읽을 수는 없는 일이다. 그러나 지도자라면, 진실만을 말하며 부부관계의 개선을 위해 노력하겠다고 약속한 모든 성경공부 반원들이 정말로 모두 다 그렇게 하는 것은 아닐 수 있다는 사실을 감안해야 할 것이다. 우리의 모임은 뒤섞인 동기들을 가진 여러 사람들의 혼합체이다. 따라서 개인에 관한 것이든 부부관계에 관한 것이든, 지금 있는 그 상태에서부터 출발해야만 한다.

> 부부관계를 변화시키는 일은 남편과 아내 둘 중 어느 한 사람만으로도 가능하다.

가정회복 운동은 부부관계를 변화시키는 일이 남편과 아내 둘 중 어느 한 사람만으로도 가능하다고 주장한다. 물론 부부관계에 영광과 구원을 가져오기 위해서는 공동의 목표와 하나님을 함께 공유하는 두 사람이 필요하겠지만, 그 구원의 역사를 시작하는 것은 한 사람만으로도 충분하다는 것이다. 이런 이유로, 우리는 자발적으로 성경공부 모임에 참여하는 아내나 남편 그 어느 한쪽도 그 모임으로부터 유익을 얻을 수 있다고 확신한다. 만약 한 사람이 하나님의 명령을 붙잡고 씨름하고 있노라면, 그 나머지 한쪽 배우자의 '안일함'을 파쇄할 외부의 힘이 작동하기 시작할 것이다. 일단 그 안일함이 깨지게 되면, 부부간의 좀 더 깊고 의미있는 대화가 이어질 수 있을 것이다. 한 사람의 변화는 언제나 두 사람의 변화로 이어지도록 되어있다.

그러나 안타깝게도, 상대 배우자가 그러한 변화를 감사함으로 받아들이기 보다는 아내나 남편을 더 멀리하게 되는 핑계거리로 악용하는 경우들도 있다. 그래서 상대를 계속해서 사랑할수록 갈등이 더 심화되고, 후회스러움이나 더 깊은 무관심과 멀어짐이 생길 수도 있다. 그리고 결국 결혼의 파탄으로까지 이어질 수도 있다.

우리의 노력이 우리의 '결혼관계'를 향해서는 안 되고, 우리의 '배우자'를 향한 것이 되어야 한다는 것이 우리의 확신이다. 무슨 말인가 하면 이런 것이다. 많은 부부들이 정직함과 진실함을 포기해버리고서라도 '부부'라는 관계 자체를 보존하고자 하는 경우들이 있다. 예를 들면, 신체적인 폭력과 학대를 당하면서도 그대로 그 상황을 방치하고 있다는 것이다. 그러나 이런 경우라면, 폭력을 행사하는 배우자는 법의 제재를 받아야하는 것이 당연한 일이다. 가정은 폭력을 위한 장소가 아니기 때문이다. 만약 당신의 남편이나 아내가 상습적으로 당신을 위협하거나 물리적으로 상처를 입힌다면, 당신과 당신의 배우자는 도움과 소망을 얻을 수 있도록 법적 절차를 밟는 일이 필요하다. 당신이 해서는 안 될 일은 앞으로는 그렇게 하지 않겠다는 배우자의 거짓된 약속과 공허한 사과에 근거하여 부부라는 관계를 계속 유지하는 것이다.

배우자에게 성장의 기회를 요구하는 대가에는 그 배우자가 결혼관계의 유지를 거부하는 것까지 포함될 수가 있다. 이것은 참 비극적인 일이지만, 거짓 위에 기초를 두고, 복음의 소망을 거부하며, 절망감과 거부감으로 빠져 들어가는 그런 결혼관계를 유지하는 것은 훨씬 더 비극적인 일이다.

따라서 부부 중 어느 한쪽의 변화는 불가피하게 부부관계의 판도를 바꿔놓게 된다. 그러나 성경을 탐구하고 소그룹 공동체 내에서의 삶을 경험하는 것이 언제나 최선이다. 당신의 배우자가 당신과 함께 모임에 참여하는 일을 거절한 소그룹 안에는 당신과 함께 할 친한 친구가 단 한 사람뿐일 수도 있다. 물론 같이 할 친한 친구들이 여러 명 있다면 더 좋을 것이다. 소망하기는 이 교재들을 당신과 함께 공부할 부부들이 많이 있기를 바란다.

모임 안에 젊은 부부들과 연륜이 있는 부부들이 골고루 섞여 있다면 더욱 이상적일 것이다. 서로 다른 인종이나 여러 다양한 인생의 경험들을 가진 부부들이 함께 하는 것도 멋질 것이다. 또 행복한 부부들뿐만 아니라 불행하다고 생각하는 부부들을 위한 자리도 마련된 모임이라면 아름다울 것이다. 더 나아가 이혼 절차를 밟고 있는 부부들이나 또는 결혼생활 실패의 원인에 대해 열린 마음으로 말해줄 수 있는 최근에 이혼한 사람들과 함께 모임을 갖는 것은 어떠한가?

정말로 모험심 많은 지도자는 이 교재들을 이웃 사람들을 대상으로 한 성경공부 모임에서 사용할 수도 있을 것이다. 이 시리즈 교재들은 당신이 마음속에 품고 있는 하나님을 위한 뜻들을 성취하는 일에 도움을 주도록 설계되어졌다. 이 교재들은 약혼한 예비부부들이나 갓 결혼한 신혼부부들을 대상으로 사용될 수도 있고, 결혼하기를 원하고 또 결혼의 문제점들에 대해서 미리 마음의 준비를 하고자 하는 남녀 대학생들을 위해서도 활용될 수 있다. 현실에 부딪히기 전에 이러한 문제들을 다루어보는 것보다 더 유익한 경험도 없을 것이기 때문이다.

　이 성경공부 시리즈 교재들은 독자들의 마음과 그들의 부부관계를 변화시키기 위한 목적으로 저술되었다. 이 교재들은 복음의 장엄하고도 영광스런 계획을 제시해줄 것이다. 그 계획을 '하나님의 영광'을 위해 사용하라. 그리고 '당신 자신의 변화'를 준비하라!

2

지도자의 조건과 대가

공직에 출마하거나, 사춘기 자녀를 기르고 있거나, 또는 소그룹 모임을 인도하는 일보다 사람을 더 겸손하게 만드는 일도 없을 것이다. 이 세 가지 사건 모두 자기 자신의 약점들이 노출되며, 자신의 강점들에 대한 시험대가 되기도 하기 때문이다. '지도자'라고 하는 자리는 원래 용기 있는 자들을 위한 자리이다. 그리고 부부문제를 다루는 소그룹 모임을 인도하는 일이야말로 도전을 위한 이상적인 자리일 것이다. 특히나 번지점프와 같은 육체적 활동에 싫증이 난 사람들에게는 말이다.

부부 모임을 지도하는 것이 번지점프를 하는 것보다 더 두려운 일일까? 많은 독자들이 그렇다고 동의하기가 쉽지 않을 것이다. 사실 '위험 없는' 부부 성경공부 모임을 인도하는 일이 얼마든지 가능하기 때문이다. 그것은 모임을 운영하는 방법이나 모임을 통해 이루고자 하는 목적에 따라 달라진다. 예를 들면, 단순히 '빈칸 메우기'식의 성경공부라면 누구든 지도할 수 있을 것이다. 수년 동안 이런 방식의 성경공부가 유행이 되었던 때도 있었다. 이런 공부는 지도자나 반원들에게 별로 요구하는 바가 없기 때문이다. 또 당신은 주일학교 유치부 교사들이 세우는 종류와 비슷한 목표들에 초점을 맞출지도 모르겠다. 예를 들어 이런 목표들 말이다. 첫째, 싸움이 일어나지 않도록 하라. 둘째, 할 일을 계속해서 주라. 셋째, 주의가 산만해지면, 지정된 시간 안에 끝내야 한다는 사실을 상기시

킴으로써 분위기를 쇄신하라.

   목적이 단순히 성경공부 교재를 끝내는 것이라면, 지식은 얻을 수 있고, 만족감도 분명히 있을 것이다. 그러나 '위험 없는' 모임에서는 '개인적인 적용'이나 '전체 토론'이나 '책임감' 등은 찾아보기가 어려울 것이다. 이 책에서 소개하고 있는 시리즈 교재들 역시 그런 방식으로 접근할 수도 있다. 하지만 그렇게 하는 것은 그 교재들을 살아있는 관계를 다루는 교재가 아닌 그저 죽은 정보들을 수집하는 교재로 전락시키는 것이 되고 말 것이다. 이런 방식은 아이들이나 성인들 모두에게 효과적인 교육 환경이 되지 못한다.

   *커플 힐링 성경공부 시리즈 교재들*은 '실제적인 변화'를 위해 계획된 저술들이다. 따라서 이 교재들은 기존의 많은 성경공부 모임들에서 사용되었던 것과는 다른 접근 방식을 필요로 하고 있다. 이 교재들을 다룸에 있어서의 지도력은 당신에게 성경공부에 참여하고 있는 다른 부부들이 지키고 싶어 하는 한계선은 존중해주면서도, 당신 자신의 갈등들에 대해서는 정직할 것을 요구할 것이다. 그리고 당신은 또한 지도자로서 부부들 중 어느 한쪽이 또 다른 쪽이 원하는 것보다 더 많은 부부간의 이야기들을 다른 사람들과 나누고 싶어하는 부부들을 위해 강력한 보안 유지 체제를 권면할 필요가 있다. 당신은 또 훨씬 더 어려운 상황과 직면해야만 할지도 모르겠다. 그것은 같은 반원으로 모임에 와 앉아 있는 자신의 배우자에 관련된 불만이나 상처들을 마구 토로할 때이다. 부부끼리만 따로 있을 때보다 이런 공적인 자리에서 좀 더 정직할 필요를 느끼는 부부들일 경우, 그런 일이 발생한다.

   많은 부부관계들이 엉망인 상태라고 말해도 틀린 것은 아니다. 심지어 좋은 관계에 있는 부부들조차도 쉽사리 그들의 중추적인 지지기반을 무너뜨리고 심각한 실망감과 불만족을 드러내 보일 수 있는 다루기 힘든 문제들을 안고 있다. 부부관계에 대해 말을 꺼내는 순간, 거기에는 언제나 '폭풍 해일'의 큰 위험이 도사리고 있음을 기억해야 한다. 부부문제를 다루는 소그룹 지도자에게는 다른 문제의 소그룹들보다 더 많은 것들이 요구되어진다. 이 장(章)은 부부들의 성경공부 모임을 잘 안내하기 위해 지도자가 갖추어야 할 조건들과 치러야할 대가가 무엇인지에 대해 초점을 맞출 것이다.

실천하기

당연한 얘기처럼 들리겠지만, 만약 당신이 이 시리즈 교재들을 부분적으로나 전체적으로 지도하게 된다면, 먼저 당신의 배우자를 사랑하고, '좋은 부부관계'를 유지하는 것이 필수적이다. 그러나 주의하라. 우리가 지금 '좋은 부부관계'라고 말하는 의미와 일반적으로 사람들에 의해 '좋은 부부관계'라고 분류되는 것은 서로 다른 것일 수 있기 때문이다. 그럼 우리가 말하고 있는 '좋은 부부관계'란 어떤 것인가? 그런 관계의 핵심적인 특징들은 무엇인가? '좋은 부부관계'는 다음과 같은 모습을 띠고 있다.

- 인생의 밀물 때와 썰물 때를 통해 큰 기쁨과 슬픔을 경험한다
- 부부 양쪽 모두에게 천국과 지옥의 맛을 다 경험하게 해준다
- 개인적이며 부부 공동적인 성장을 계획하고 추구한다
- 천국에 대한 소망과 회개에 대한 열망을 증가시킨다
- 매너리즘에 빠지는 것을 거부한다
- 모든 면에서 서로를 위한 최선을 추구한다
- 옹졸하고 이기적인 요구사항들을 포기한다
- 경멸감과 모욕적인 언사나 행동, 그리고 어떤 형태의 폭력도 거부한다
- 자포자기적인 태도나 비아냥거림 없이 서로의 부족함을 지적한다
- 부부간의 친밀함이 사라지고, 열정이 식어가는 때를 인식할 줄 안다
- 더 깊은 의사소통과 돌봄의 관계로 들어가기 위해 도전한다
- 복음을 위한 더 깊은 섬김의 자리로 서로를 초청한다

> 역설적인 진리 하나는 우리가 우리 자신이 그렇게 정직한 존재가 아니라는 사실을 인정하는 순간, 우리는 훨씬 더 진실한 존재가 되어있다는 것이다.

위 목록을 다 읽은 소감이 어떤가? 아마 이렇게 반문할지도 모르겠다. "아니, 세상에 이런 부부관계가 있을 수 있나?" 그러나 기억하라. 여기서 의미하는 '좋은 부부관계' 란 '완벽한' 관계가 아니라, '정직하고', '의지적이고', '열린 마음의' 관계라는 것을 말이다. 정직해지기 위해서는 다시 십년을 더 기다릴 필요가 없다. 진실을 왜곡하고 도망치는 일이 더 쉽다는 사실을 인정하기만 하면 된다. 역설적인 진리 하나는 우리가 우리 자신이 그렇게 정직한 존재가 아니라는 것을 자백하는 순간, 우리는 훨씬 더 '진실한' 존재가 되어있다는 것이다. 이와 마찬가지로, 될 대로 되라는 식의 안일한 태도를 포기하고, 적극적으로 문제와 마주대하려 할 때, 우리는 '의지적인' 존재가 된다. 또 하나님께 우리의 자기방어적인 자세를 제거해주시도록 요청하게 되면, 새로운 차원의 '열린 마음' 을 얻게 될 것이다. 다시 말하지만, 이것은 십년이 걸려야만 되는 일이 아니다. '좋은 부부관계' 는 아주 짧은 시간 내에도 얼마든지 가능하다.

이 일을 실행하는 방법은 서로에게 이렇게 말하는 것이다. "우리는 이 성경공부 모임을 인도할 지도자로서의 자격이 없어요. 그러나 하나님의 은혜로 우리는 이 일을 하게 될 거에요. 열심히 그리고 더 큰 외로움의 위험을 무릅쓰고라도, 우리는 우리의 부부관계를 성장시켜가는 일에 도전할 거에요. 우리가 다른 부부들을 그렇게 하도록 권면하는 것처럼 말이에요."

상호 노출하기

위에서 말한 대로 실천하기 위해서는 당신 자신을 노출시켜야만 하는 대가를 치러야 한다. 단순히 소그룹 모임 전에 교재를 예습하는 것으로써 성경공부를 이끌어갈 수는 없다. 모임 전에 질문의 답변들을 한번 죽 훑어보는 것만으로는 충분하지 않다는 것이다.

성경공부 모임을 인도하는 지도자로서의 가장 큰 조건 중의 하나는 당신의 결혼생활을 본보기로서 공개하는 것이다. 진실에 의해 부부관계의 문제점들이 드러나게 될 때, 부부가 '해야 될 일' 과 '해서는 안 될 일' 을 보여주는 모형으로서 말이다.

만약 당신의 결혼생활이 부부가 어떻게 살아야 하는지에 대한 '모범 답안'이라면, 죄 없는 완벽한 부부들을 대상으로 한 모임을 지도하는 것이 가장 좋을 것이다. 사실, 당신이 당신의 반원들에게 이런 식으로 말할 수 있다면, 당신은 이 성경공부 모임을 지도해서는 안 된다. "저희 부부처럼만 사십시오. 그러면 여러분들도 행복하고, 성공적이고, 만족스런 결혼생활을 하시게 될 겁니다." 라고 말이다. 만약 당신이 여전히 하나님을 알아가고 진리를 따라 살기 위해 싸우고 있는 중이 아니라면, 당신은 '복음'을 제시하고 있는 것이 아니라 '자기 의'를 전하고 있을 가능성이 아주 크다. 당신으로 하여금 이러한 '오만'을 깊은 영성인양 다른 사람들에게 소개하도록 만드는 부부관계와 관련된 많은 교재들이 있기도 하다. 그러나 이 교재들은 그렇게 하지 않을 것이다.

우리는 당신이 '구원의 본보기'가 되기를 요청한다. '구원의 본보기'는 '부활'을 이야기하는 것만큼이나 '죄'에 대해 이야기하는 일에도 자유롭다. 이 시리즈 교재들을 지도하기 위해서, 당신이 '완벽한' 결혼생활을 하고 있어야만 하는 것은 아니다. '진실을 말할 수 있는' 부부관계라면 그것으로 충분하다.

'진실'이란 우리가 여전히 '죄인'이라는 사실이다. 우리 모두는 여전히 '음욕'과 '분노' 속에서 허덕이는 죄인들이다. 마태복음 5:21-28의 예수님의 말씀을 나의 부부관계에 적용을 시켜보면, 내 아내나 나 자신이 '간음'과 '살인'의 죄에서 몸부림치고 있다는 현실이 드러나게 된다. 우리 부부관계가 무엇이 잘못된 것인가? 나의 아내는 '간음자' 이자 '살인자'인 한 남자와 결혼했다는 것이다. 나 역시 마찬가지이고 말이다.

나의 말을 당신 자신이나 당신의 부부에게는 해당이 안 되는 것으로서 일축해버릴 수도 있을 것이다. 많은 사람들이 성을 내며 이렇게 반박할 수도 있다. "나는 지금껏 간통죄를 저지른 적도 없거니와, 다른 사람의 목숨을 해친 일은 더 더욱이 없단 말이오." 그러나 마태복음의 말씀은 나의 말이 아니라 예수님의 말씀이다. 죄에 대해 그토록 '과격한' 관점을 가지고 계신 분이 바로 예수님 자신이시라는 것이다.

> 내 자신과 나의 배우자가 '간음'과 '살인'의 죄악 속에서 부대끼고 있다는 사실을 인식하지 못할 때, 우리는 하나님께서 우리 속에서 무엇을 변화시키고 싶어 하시는지를 인식하지 못하게 될 것이다. 우리의 부부관계에서는 더 말할 것도 없고 말이다.

만약 당신이 당신의 공허한 마음을 채우기 위해 '하나님' 대신 '다른 그 무엇'을 열렬히 소원했던 적이 단 한번이라도 있었다면, 당신은 '음욕'을 품었던 것이다. '영적 음란함'을 말이다. 만약 당신이 당신을 상처 입힌 사람에게 복수하기를 원했던 적이 있었다면, 당신은 '분노'를 품었던 것이다. 예수님은 '음욕'을 '간음'으로, '의롭지 못한 분노'를 '살인'으로 규정하고 계신다. 이렇게 볼 때, 모든 부부관계는 '간음'과 '살인'의 비극적인 죄악으로 뒤덮여있는 것이다. 만일 우리가 이 사실을 인정하는 일에 실패한다면, 우리는 우리 자신이 하나님의 은혜가 얼마나 필요한 존재인지를 보는 일에 실패하는 것이다. 그리고 내 자신과 나의 배우자가 '간음'과 '살인'의 죄악 속에서 부대끼고 있다는 사실을 인식하지 못할 때, 우리는 하나님께서 우리 속에서 무엇을 변화시키고 싶어 하시는지를 인식하지 못하게 될 것이다. 우리의 부부관계에서는 더 말할 것도 없고 말이다.

나는 내 아내와 결혼한지가 삼십 년 가까이 된다. 우리 부부는 그동안 온갖 역경을 다 극복해왔다. 하지만 '성숙'이라고 하는 결승점에는 아직 근처에도 도달하지 못했다. 우리는 천국에 가는 그 순간까지도 개인적으로 그리고 부부가 함께 이 영적 싸움을 싸우게 될 것이다. 우리는 죽는 그날까지 더 성장해가고 더 개선되어져야만 할 것이다. 따라서 '성장'과 '성숙'에 대해서는 말하고 고백할 거리가 언제나 넘쳐난다.

이 교재들을 지도해가는 일에 있어서, 지도자 부부는 자신들이 지금 어디에 있고, 어디로 가고 싶어하는 지에 대한 무언가를 기꺼이 나눌 필요가 있다. 하지만 그렇다고, '완전하고', '남김 없는' 정직함을 요구하는 것은 아니다. 다시 반복하자면, 지도자로서 당신의 모든 사적이고 개인적인 갈등들까지를 남김없이 죄다 털어놓을 필요는 없다는 것이다. 우리가 권면하는 바는 당신의 반원들이 변화되기로 작정한 한 부부의 삶의 정직한 모습의 일부를 엿볼 수 있을 만큼만 기꺼이 당신 부부를 공개하라는 것이다.

대화시간 내기

변화는 내가 계획한 때에 일어나는 것은 아니다. 당신이 모임이 있기 며칠 전부터 교재를 연구하고 준비했다고 변화가 일어나지는 않는다. 부부 성경공부 모임을 지도하기 전에 누가복음 14:28-33을 한번 읽어보는 것이 좋을 것이다. 예수님께서는 망대를 세우거나 전쟁을 수행하려고 하는 사람이 먼저 해야만 할 일이란 그 '비용을 계산해보는 것'이라고 말씀하신다. 다른 말로 바꿔 말한다면, "부부 모임을 인도하기 전에 치러야 할 대가를 계산해보아라." 하는 말씀일 수 있다.

지금 내가 하는 말은 당연히 당신이 지도자가 되는 일을 단념시키고자 하는 말이 아니다. 부부관계에서는 부부가 서로 대화하는 일이 의도적으로라도 이루어질 필요가 있다는 사실을 알고 있어야만 한다는 것이다.

부부가 정작 본인들끼리는 이야기해본 적이 없는 부부간의 어떤 일들을 성경공부 모임에 나가 반원들에게 폭로해버리는 것은 참 받아들이기 어려운 행동이 될 것이다. 하지만 더 나쁜 것은 반원들로부터 질문을 받았을 때 거짓말로 답변을 하고, 당신의 배우자는 당신의 그 거짓말이나 진실에 가깝지 못한 말을 변명하다가 중간에 그 사실이 드러나거나, 혹은 당신의 배우자는 전혀 동의하지도 않는 말을 혼자서 하고 있는 경우일 것이다.

이것이 바로 매 모임이 있기 전에, 지도자 부부가 서로 시간을 들여 대화를 나눠야만 할 이유이다. 지도자 부부는 모임 속에서 해야 할 이야기와 또 토론용으로 공개해서는 안 될 문제들이 무엇인지, 그리고 왜 어떤 이야기는 해도 좋고 또 어떤 이야기는 해서는 안 되는지에 대한 이유 등에 관해서 사전에 이야기를 나눠야만 한다.

그런 과정에서 지켜야할 한 가지 기본 원칙이 있다. 그것은 "만약 당신의 배우자가 공개하기를 원치 않는 사항이라면, 그 문제가 아무리 반원들에게 유익이 될 만한 교육재료라 할지라도 공개하지 않는다." 라는 것이다.

그리고 이 규칙이 지켜지기 위해서는 전체 토론을 위해 어느 부분까지가 공개가 가능하고 혹은 그렇지 않은지에 대해 부부가 미리 상의를 해야만 한다. 그런데 흔히 이런 상의를 하는 중에 상의가 토론으로 이어지고, 토론은 또 갈등으로 이어지기도 한다. 그러나 괜찮다. 오히려 유익한 경험이 될 수도 있다. 단, 토론시, 시리즈 교재 제3권 *의사소통(Communication)*에 나오는 의사소통의 원칙들이 존중되고 지켜져야 할 필요가 있을 뿐이다.

성경공부 모임을 지도하기 전에, 적어도 한두 시간이나 며칠을 부부가 함께 대화하고 준비할 수 있는 시간을 만들어내도록 하라. 모임의 지도자가 되는 가장 큰 유익들 중의 하나는 반강제적으로라도 부부가 함께 이야기할 수 있는 시간을 확보하게 된다는 것이다.

"No"라고 말하는 용기

> 그 비결은 단순한 '기교'나 '말'에 달려있는 것이 아니라 '용기'에 달려있다.

모임 속에서 발생하는 복잡한 문제들을 다루는 방법에 대해서는 뒷장에서도 이야기하겠지만, 그런 문제들 중의 하나는 이런 것이다. 반원들 중 한 개인이나 부부가 상황에 맞지 않는 너무 사적인 문제들을 털어놓기 시작하는 경우나, 혹은 제한된 시간 안에 다 해결할 수 없는 갈등거리를 내어놓는 경우이다. 이러한 순간들을 그 해당 부부에게도 도움을 주고, 또 지도자로서의 신뢰감도 높이고, 반원들 간의 친밀함도 형성시켜줄 수 있는 방식으로 대처할 수 있는 방법들이 있다. 그러나 그 비결은 단순한 '기교'나 '말'에 달려 있는 것이 아니라 '용기'에 달려있다.

당신은 지도자로서 복잡한 순간에 끼어들어가 "아니오"라고 말할 수 있어야만 한다.

당신은 이렇게 이야기할 수 있는 능력을 구비해야만 한다. "아니오, 이것은 우리가 지금 다루고 있는 주제의 관점에서 볼 때, 너무 위험하고도 너무 버거운 내용입니다." 일정한 상황에서 한계선을 긋는 것을 두려워해서는 안 된다. 그러나 많은 사람들이 자신의 자녀들이나 배우자에게조차 그렇게 하지를 못한다. 그러다보니 다른 사람들에게 그리한다는 것은 거의 불가능한 일이 되어버렸다.

그러나 지도자로서의 역할을 수행하기 위해서는 '명확한 기준'과 '목표'와 '모임의 규칙'을 확립할 필요가 있다. 이 부분에 대해서는 뒤에서 좀 더 살펴보도록 하겠지만, 그렇게 할 수 있기 위해서는 모임을 그저 '원활하게' 만드는 그 이상의 일을 해야만 한다.

많은 그룹모임용 성경공부 교재들이 지도력에 대한 '바보스런 접근 방식'을 취해왔다. 그것들은 성경공부 지도자들을 그저 '윤활제' 역할의 자리에 머무르도록 요구해왔다. "자, 여러분, 함께 기도하도록 합시다"라는 말을 하고는, 그 후에는 반원들로 하여금 '빈칸 채우기' 질문들을 풀게 하는 사람 정도로 말이다.

물론 제기된 문제들이 그렇게 사적이고 개인적인 것들이 아닐 경우에는 그런 방법도 효과가 있을 수 있다. 그러나 부부관계와 관련된 문제들은 훨씬 더 민감하고, 상처나 두려움 혹은 당혹감 등으로 가득 차있는 것들이다. 대부분의 부부들은 지나친 부부간의 비밀누설이나 갈등 이야기들을 회피할 것이다. 그러나 지도자는 반원들 중 간혹 도를 넘는 사람이 있는 경우에라도 놀라거나 당황해서는 안 된다. 지도자는 일정 한계선을 넘는 지점에서는 이야기를 중단시킬 수 있어야 한다. 모든 반원들이 동의한 경계선을 상기시켜 주고, 그 해당 부부와 전체 모임이 나아가야 할 목표 점에 대한 계획을 새롭게 수립하여야 할 것이다. 이 일은 '기술'을 요한다. 하지만 훨씬 더 필요한 것은 바로 '용기'이다.

기도의 열정

의례적인 얘기처럼 들릴 수도 있지만, 당신이 당신의 반원들에게 줄 수 있는 가장 큰 선물은 그들을 위해 기도하는 것이다. 지도자로서 당신은 당신 자신과 모임을 위해 자주

기도하고 있는 자신을 발견하게 될 것이다. 그러나 더 잘하기 위해서는 반원들 한 사람 한 사람을 그리고 부부들 하나하나를 하나님 앞에 내어놓을 필요가 있다.

비록 '자기공개'가 제한되어 있는 모임이지만, 단지 반원들과 함께 앉아있는 것만으로도 그들 부부에 대해 많은 것을 알게 될 수 있다는 사실에 놀라게 될 것이다. 어떤 사람이 성에 대한 농담을 하는 방식이나 은근히 자신의 배우자를 비난하는 모습들은 어렵지 않게 발견할 수 있다. 우리는 그것들을 그냥 무시하고 지나갈 수도, 또는 어떻게 반응해야 할지 모를 수도 있다. 그러나 우리가 할 수 있는 한 가지 확실한 것은 그런 문제들을 기도로 하나님께 가지고 나아갈 수 있다는 것이다. 그런데 또 기도에 관한 재미있는 사실 하나는 우리가 어떤 문제를 하나님 앞에서 언급하면 할수록, 하나님께서는 그 문제 속으로 우리를 더 깊이 초청하신다는 것이다. 그리고 그것이 우리가 기도하지 않으려고 하는 이유가 될 수도 있다.

그러나 우리는 기도해야만 한다. 반원들이 모임에 도착하기 전에 기도해야 하고, 토론에 들어가기 전에 기도해야 하고, 공부 중에도 중간 중간 공부를 멈추고 기도해야 하고, 모임을 마칠 때에도 기도해야 한다.

가장 중요한 기도는 우리가 아침에 샤워를 하거나 직장에 출근하는 것처럼 규칙적으로 각 반원들과 부부들에 대한 우리의 관심을 하나님 앞에서 가지고 있을 때에 일어난다. 우리가 반원들의 삶이 우리 마음속에 뿌리를 내리도록 허락하게 될 때, 우리는 기도가 일종의 '의식적인 생각'이라는 사실을 발견하게 될 것이다. 하나님께 그들의 마음에 개입하셔서 그들을 변화시켜달라고 기도할 때, 먼저 그들을 하나님 앞에서 생각하지 않고서는 그 기도가 가능하지 않기 때문이다.

모임 속에서 기도의 자세를 확립시키는 일은 매우 중요하다. 모임을 기도 요청을 권유하는 것으로써 마치는 것만으론 충분하지가 않다. 부부들 모임에서도 누군가 자신의 부부를 위해 기도를 부탁하거나 혹은 부부간에도 서로를 위해 기도를 요청하는 일이 드물다. 따라서 그 기초 작업은 지도자의 몫이다. 이 진리를 기억하라. <u>"한 공동체의 수준은 지도자의 희생 그 이상을 넘어설 수 없다."</u>

당신이 만약 당신 부부의 중요한 갈등들에 대해 기도를 요청하지 않는다면, 그 누구도 그렇게 하지 않을 것이다. 또는 당신이 그렇게 본을 보여도, 몇 주가 지나서야 한 사람의 반원이 반응을 보일 수도 있고, 또 어떤 경우엔 몇 주가 지나도 아예 아무런 반응이 없을 수도 있다. 이것이 지도자의 외로움이다. 나는 나의 마음을 다 토로했지만, 반원들은 무덤덤하다. 나는 깊은 상처와 영적인 싸움에 대해 기도를 요청하건만, 반원들은 그저 형식적이고 의례적인 '정중한' 기도만을 한다.

이렇게 되면, 당신은 당신 자신에 대해 다시 생각해보게 될 것이다. 당신은 아마 당신의 지혜나 태도, 심지어는 당신의 정신 상태까지 의심할지도 모르겠다. 그러나 당신은 길을 개척하고 있는 것이다. 당신은 '정직함'과 '겸손' 그리고 '소망'의 문제에 있어서 선구자 노릇을 하고 있는 것이다. 누군가는 먼저 시작해야 한다. 그리고 당신이 바로 그 사람이다.

사실 나는 자주, 내 자신이 겸손해지면, 따라오는 사람이 있다는 것을 보기도 한다. 때론 다른 사람들이 내가 기대하고 바라던 것보다 훨씬 더 깊이 있게 그리고 크게 반응하기 시작할 때, 내 자신이 겸손해지기도 하지만 말이다. 남을 지도하는 일은 곧 남에게 지도를 받는 일이기도 하다.

기도가 지루한 일이 되고 모임을 이끌어가는 하나의 형식이 되어간다면, 이렇게 반원들에게 질문해보는 것도 지혜일 것이다. "여러분들은 우리의 기도 시간에 대해 어떻게 생각하십니까? 의미가 있다고 느끼십니까? 오실 때 기도의 시간을 사모하면서 오십니까? 아니면 그저 의례적인 순서로 여기십니까? 만약 기도 시간이 단지 형식일 뿐이고 기쁘지 않다면, 그 시간을 어떻게 하기를 원하십니까?"

어떤 모임에서 한 반원이 이렇게 대답했다. "저는 누군가 저의 필요를 정말로 알고 있다고 믿지 않아요. 이것이 저의 문제인지 아니면, 이 모임의 전체 모습인지는 잘 모르겠어요. 왜냐하면, 저는 저에게 정말로 중요한 문제는 사람들에게 잘 알리려고 하지 않기 때문이죠." 그 반원의 정직함은 우리의 기도 시간을 바꿔놓았다. 필요한 것은 누군가 정직해지는 것이 얼마나 어려운 것인가를 인정하는 것이었다. 자연스럽게 우리의 기도 시간은 우리 모임을 위한 더 풍성한 부분으로 변해갔다. 기도는, 성처럼, 다른 사람과의 가장 친밀한 관계로의 통로이다. 기도의 필요성을 고백하고, 연약함에 대한 두려움을 인정하는 것은 우리 서로와 그리고 하나님과의 깊이 있는 대화 속으로 들어가는 일을 훨씬 더 가능하게 만들어준다.

'도움처' 소개 능력

훌륭한 지도자는 자신의 한계를 아는 사람이다. 우리는 반원이 필요로 하는 모든 도움을 혼자서 다 제공해줄 수 있는 그런 지도자가 될 필요는 없다. 그 문제에 관해 누가 도움을 줄 수 있는지에 대해서 알고 있는 한 말이다. 도움은 책이나 신뢰할만한 치료전문가를 통해서 줄 수도 있다. 또는 똑같은 갈등을 경험해본 교회 공동체나 다른 공동체 안의 누군가로부터 받을 수도 있다. 외롭게 그리고 아무런 정보도 갖지 못한 채로 홀로 싸울 필요가 없다.

도움처를 소개해줄 수 있는 능력은 단지 삶의 복잡한 문제들을 다루는 일에 있어서 공동체가 하는 역할에 마음을 열어두고 있기만 하면 얻을 수 있는 것이다. 예를 들면, 반원들 중에 음란물 중독으로 인해 힘들어하고 있는 남성이 있을 경우, 누구를 찾아갈 것인가 하는 것이다. 또 과거의 성적 학대의 경험 때문에 우울증을 앓고 있는 여성 반원이 있는 경우엔 무엇을 어떻게 해야 하는가 하는 것이다. 또한 어떤 부부들은 자신들이 갱년기의 한 중간에 있으면서도 그 증후조차 알고 있지 못하거나, 그것이 부부관계에 미칠 수 있는 여러 복잡한 영향력들에 대해 무지할 수도 있다. 우리가 배울 수 있는 것보다 알아가야 할 것들이 훨씬 더 많은 것 같다. 하지만 우리 교회 공동체 안에, 혹은 이웃들 중에, 지역사회 속에 누군가 도움을 줄 수 있는 법을 알고 있는 사람들이 있기 마련이다. 그렇다면 또 그들을 어떻게 찾을 수 있을까?

성경공부 모임 지도자는 '도움처 목록'을 만들어둘 필요가 있다. 당신이 목록을 시작할 수 있는 좋은 의뢰처는 바로 당신 교회의 목회자이다. 그들에게 물으라. '부부 문제'에 대해 그들은 누구의 도움을 받는지를, 그리고 '우울증'이나 '성적 학대' 혹은 '성중독' 문제 등에 관한 도움은 누구에게 요청하는지를 말이다. 또한 자신들이 전문가의 도움을 직접 받아본 사람들로부터 도움처를 소개받는 것도 중요한 방법이 될 수 있을 것이다.

지도자는 때로 이메일이나 전화 혹은 점심 약속 등을 통해서 개인으로부터 직접 들을 수도 있다. 겉으로 보이는 것보다 훨씬 많은 일들이 반원들의 결혼생활에서 일어나고 있다는 이야기를 말이다. 이럴 때, 지도자는 대화를 위한 여지를 남겨두는 것이 중요하다. 한 친구가 자신의 반원으로부터 걸려온 전화에 대한 이야기를 해준 적이 있다. 그 반원은 성중독 치료법에 관한 좋은 책이 있느냐고 물어봤다. 내 친구는 "글쎄요, 저도 잘 모르겠는데요." 라거나 "빗나간 친밀감(False Intimacy)이라는 책이 괜찮다고 들었어요." 라고 대답할 수도 있었다. 물론 해리 샴버그(Harry Shaumburg)의 저서인 빗나간 친밀감(False Intimacy)은 아주 탁월한 책이다. 그러나 도움을 요청하고 있는 당사자와는 직접 관계하지 않고 그저 책만 한 권 소개해주고 마는 것은 지도자의 실수이다. 다행히도 내 친구는 간단하면서도 용기 있는 한 가지 행동을 했다. 그것은 이렇게 물어보는 것이었다. "제가 좋은 책을 하나 알고 있기는 한데, 그것이 어떻게 형제님 자신을 위한 것인지 아니면 형제님이 알고 있는 또 다른 사람을 위한 것인지 물어봐도 괜찮겠는지요?" 그 반원은 잠시 머뭇거리다가 마침내 이렇게 대답했다. "사실은 저를 위한 거예요. 성경공부 모임에 참석하다보니 이 문제와 직면해야만 하겠다는 생각이 들어서요……" 내 친구는 이렇게 말해주었다. "형제님이 저와 만나서 함께 기도하고 이야기하기를 원하신다면, 저도 기쁘겠네요. 사실 우리 교회 내에도 이런 문제로 일주일에 한 번씩 만나 서로 이야기를 나누는 모임이 있거든요. 형제님에게 그 모임에 참석해보라고 강요하는 것은 아니지만, 형제님이 원하기만 하면 언제라도 도움을 받을 수 있다는 사실을 알려드리고 싶네요."

지도자로서의 우리의 임무는 모임 내에 있는 반원들을 잘 인도하는 것이다. 어떤 반원이 근심거리를 표현할 때, 지도자가 해야 할 일은 먼저 그 문제에도 소망이 있음을 가르치는 것이다. 그리고 도움처와 연결을 시켜주고, 또 다시 추후 지도를 하는 것이다. 지도자가 반원을 변화시키거나, 다른 도움처를 찾아보도록 강요할 수는 없다. 그러나 때로 도움처를 처음 소개해주고 며칠이 지난 후에 하는 다음과 같은 한 통의 전화가 도움처와의 연결을 성사시켜주기도 한다. "안녕하세요, 형제님. 제가 계속 형제님을 위해 기도하고 있다는 사실을 알려드리려고 전화했어요. 그런데 저번에 제가 추천해드렸던 그 상담 전문가와는 통화를 해보셨나요?" 또는 다음과 같은 핸드폰 문자 메시지도 용기를 줄 수 있는 한 좋은 방법일 것이다. "하늘의 추적자(하나님을 지칭)가 오늘도 형제님을 뒤쫓고 계시네요."

'구원'의 열망

> 우리가 평안 중에 있든지 싸움 중에 있든지, 우리는 오직 '구원'의 신비 안에서만 기쁨을 발견할 수 있을 것이다.

성경공부 모임의 지도자들은 하나님께서 그들을 끝까지 추적하시고 호소하셔서 그들을 당신 자신께로 되돌려놓으시는 방식을 사랑해야만 한다. 이 시리즈 교재들의 목표는 부부들로 하여금 돈독한 부부관계를 확립도록 하는 것이지만, 더 큰 궁극적인 목적은 부부들을 하나님께로 이끌며 인도해가는 것이다. 부부관계의 기쁨을 더 많이 알면 알수록, 우리의 가슴은 더 많은 감사로 채워질 것이다. 반면에 부부관계의 황폐함을 경험하면 할수록, 우리는 진정으로 우리를 풍요하게 하실 수 있는 유일한 그분에게로 절망 중에라도 달려가게 될 것이다. 우리가 평안 중에 있든지 싸움 중에 있든지, 우리는 오직 '구원'의 신비 안에서만 기쁨을 발견할 수 있을 것이다. 지도자는 자신의 삶과 자신의 결혼생활에서 구원의 열매를 먼저 경험했기 때문에 '구원'을 사모하는 사람이어야만 한다.

'구원에 대한 사모함'은 '믿음의 확신'과 '소망의 묵상'을 그 기초로 한다. 지도자는 오직 자신의 삶에서 진리라고 경험한 것만을 다른 사람들에게 나누어줄 수 있다. 그런 점에서, 우리는 결코 우리가 체험한 그 이상의 자리로 우리의 반원들을 이끌 수 없다. 만약 우리의 믿음이라는 것이 그저 이론적인 진리에 불과한 것이라면, 우리는 반원들에게 단지 구원에 관한 이론적인 사실들만을 전하게 될 것이다. 그러나 우리가 성경의 진리에 확신을 주는 구원의 경험들을 가지고 있다면, 우리는 우리 앞에 구원과는 너무 멀리 동떨어져 펼쳐지고 있는 삶의 복잡한 이야기들에 의해서도 낙담하지 않게 된다. 우리는 고통하는 자들과 함께 신음하며, 인내하며 기다릴 수 있다. 우리가 다른 사람의 고통의 이야기 속으로 주저함 없이 들어갈 수 있는 능력은 하나님의 섭리의 약속을 확신하는 우리의 믿음과 정비례한다.

지도자가 반원들에게 줄 수 있는 가장 큰 선물들 중의 또 하나는 '하나님께서 구원하신다는 소망' 이다. 하나님의 사랑으로 고칠 수 없는 너무 깊은 상처는 없다. 하나님의 능력으로 씻을 수 없는 너무 큰 죄도 존재하지 않는다. 따라서 소망은 어떤 특별한 기술이나 책이나 위대한 스승과 함께 엮여야만 할 필요가 없다. 하나님은 우리가 영화를 보거나, 책을 읽거나, 노래를 듣는 사소한 일상의 일들을 통해서도 역사하실 수 있는 분이시다. 무엇이 사람의 마음을 일깨우는가? 무엇이 사람의 양심을 분발하게 하는가? 누가 소망 없이 죽은 영혼을 불러일으킬 수 있는가? 그 어떤 사람도 다른 사람의 마음을 변화시킬 수 없다. 그러나 성령 하나님은 하실 수 있다. 따라서 좋은 지도자란 단지 구원의 문을 두드리며, 역사하실 하나님을 간구하는 자이다.

이것은 우리의 노력이나 인간 편에서의 준비의 필요성을 부정하는 말이 아니다. 그것은 오히려 우리가 우리의 힘으로 구원의 역사를 일으켜야만 한다는 강박관념으로부터 우리를 자유하게 하는 말이다. 하나님께서 우리를 얼마나 많은 재앙 가운데서 구원해주셨는지를 되돌아보기만 해도, 그분의 자비에는 아무런 이유나 조건도 없으셨음을 분명히 알게 된다. 그분의 자비는 그분께서 원하시는 때와 원하시는 자리에 은혜를 부으시는 그분의 주권적인 기쁨이시다.

'좋은 지도자' 란 삶의 복잡한 갈등과 문제들 속으로 뛰어들어가는 사람이다. 그러나 그는 자신의 한계를 아는 자이다. 그래서 하나님의 임재의 약속에 마음을 열어놓는 자이다. 그리고 가장 좋은 때에 하나님의 인자하심이 그분을 찾는 모든 자들의 마음을 변화시키시고야 말 것이라는 확신을 가지고 있는 자이다.

3

여정 시작하기

마음의 결정도 끝났고, 성경공부 모임 시작 날짜도 잡혔을 것이다. 이제 되돌아가는 일은 불가능하다. 당신은 부부 성경공부 모임을 인도해야만 한다.

모임을 지도하는 일을 코스타리카(Costa Rica, 원시림으로 유명한 중미의 한 나라)로 떠나는 모험 여행으로 한번 생각해보라. 그 나라로의 여행은 이국적이고 전혀 낯선 경험이 될 것이다. 당신은 그저 비행기 티켓을 끊고서 그곳으로 곧바로 직행하지는 않을 것이다. 그곳에 가기 전에 먼저 당신은 그 나라에 대해 조사를 하게 될 것이다. 여행안내 책자도 사보고, 인터넷 검색도 해보고, 가능하다면, 그곳에 살았거나 그곳을 방문해본 적이 있는 사람들과 이야기도 시도해볼 것이다. 그런데 성경공부 모임을 인도하는 일 역시 마찬가지이다. 실제로 시작하기 전에 먼저 익숙하지 않은 것들과 최대한 익숙해질 필요가 있다.

> 더 배우면 배울수록, 당신은 더 많은 질문들의 답을 원하게 될 것이다.

이 지도자용 안내서는 그 점에 있어서 탁월한 역할을 수행할 것이라고 확신한다. 그러나 더 배우면 배울수록, 당신은 더 많은 질문들의 답을 원하게 될 것이다. 첫 번째 모임이 끝나고 난 후에, 당신은 당신의 실수를 통해서 배우고 또 다음 번 모임을 준비하기 위해 이 안내서를 다시 찾아 읽을 필요성을 느낄 것이다. 당신은 또 제프 아놀드(Jeff Arnold)의 소그룹에 관한 큰 생각(The Big Book on Small Groups)과 같은 소그룹 운영에 대한 책들을 원할지도 모르겠다. 소그룹 모임을 인도하는 일은 일단 한번 적응이 되면, 평생을 두고 성장이 가능한 기술이다. 이번 장(章)은 지도자가 되기로 결심한 당신을 실제로 모임을 인도하는 자리로 이끌 것이다. 그리고 이 다음 장(章)에서는 소그룹 생활의 과정들과 거기에서 발생할 수 있는 여러 복잡한 문제들에 대해 생각해볼 수 있는 기회를 제공할 것이다.

여기서 제시되고 있는 모든 조언들은 얼마든지 수정과 번복이 가능하다. 모임을 지도하는 일에 있어서 불변의 법칙 같은 것은 없기 때문이다. 하지만 '모임의 목적'이나 '규칙' 그리고 '비밀 보장' 등과 같은 원칙들은 너무나 중요한 것들이어서 그것들을 무시하는 것은 무모한 처사가 될 것이다. 당신의 반원들은 지도자인 당신의 배움과 관계들에 대한 마음가짐과 방식을 모방할 것이다. 우리의 목표는 당신으로 하여금 모임을 지도하는 일에 있어서 결정적인 요소들이 무엇인지에 대해 생각해보도록 하는 것이다.

반원 선정하기

가장 중요한 질문 중의 하나는 한 소그룹 안에 몇 쌍의 부부들을 둘 것이며, 또 그 부부들은 누가 될 것인가 하는 것이다. '기적의 수'나 '완벽한 수' 같은 것은 없다. 그러나 인원이 많을수록, 그 모임은 더 복잡해지고 반원들 간의 친밀함도 덜할 것이다. 지도자 부부까지 포함하여 여섯 쌍 이상의 모임은 다루기가 힘들고, 세 쌍의 모임은 또 너무 작을 것이다. 대체로 네 쌍에서 여섯 쌍 정도가, 다시 말해, 여덟 명에서 열두 명 정도의 크기가 가장 좋을 듯싶다.

때로 반원들은 교회 지도자들에 의해서나 혹은 등록 순서대로 무작위로 할당되어질 수도 있다. 그렇다고 이런 선정 방식이 문제될 것은 없다. 흔히 그 장점은 다양성과 새로운 사람들을 만날 수 있는 기회라는 점이 될 것이다. 반면에 단점으로는 초반부의 서로간의 어색함이라든지 상호신뢰의 분위기가 형성되는 데 좀 더 긴 시간이 걸린다는 점일 것이다.

반원 선정은 또한 이웃 사람들이거나 또는 다른 유사성 있는 관계 등을 통해 미리 알고 있는 부부들을 중심으로 이루어질 수도 있다. 연령이나, 결혼생활 햇수, 혹은 사회적인 지위 등에 있어서 비슷한 부부들로 구성된 모임은 삶의 관심사들이 유사하여 훨씬 더 쉽게 친화적인 관계를 형성할 수 있다는 이점이 있다. 단점으로는 '집단사고'(집단구성원들이 대안에 대한 충분한 분석 및 토론이 없이 쉽게 합의하고 그 대안이 최선이라고 믿고 합리화하려고 하는 현상)나 '집단압력'(동료 집단으로부터 받는 사회적 압력) 등이 있을 수 있다. 또 다양성이 결여된 이런 모임은 시간이 지남에 따라 자신들의 신분이나 지위에 더 관심을 쏟게 되고, 다른 사람들에게 자신이 어떻게 보일지에 더 신경을 쓰게 되는 경향을 보이기도 한다. 한 마디로, 모든 선택에는 장단점이 다 있다는 것이다.

일단 반원들이 구성이 되고, 모임을 시작하기로 결정이 되었으면, 지도자는 각 반원들과 부부들에게 성경공부 모임의 구성원이 된다는 것이 무슨 의미인지를 설명해주어야만 한다. 이것은 아마 소그룹 모임 운영에 있어서 가장 중요하면서도 가장 덜 활용이 되고 있는 요소 중의 하나일 것이다. 최소한 한번은, 나는 적어도 두 번을 추천하지만, 모든 부부들에게 반원됨의 의미에 대해 주지시켜주는 일은 필수적이다. 특히나 어떤 공통점이 없이 무작위로 선정된 그런 소그룹에게는 더더욱이 필요한 일이다.

초청이나 확인

"집사님, 안녕하세요? 접니다. 이번 부부 성경공부 모임에 참여하실 마음이 있으신지 여쭤보려고 전화드렸어요."

"집사님, 안녕하세요? 접니다. 내일 부부 성경공부 모임 있다는 거 잊지 마시라고 확인차 전화드렸어요."

위에서처럼 일단 처음의 초청이나 확인이 되어졌으면, 지도자는 모임의 시간이나 장소, 교재, 그리고 다른 반원들에 관한 전반적인 세부사항들을 전달할 필요가 있다. 그러나 단순히 전화로 성경공부 모임에 관한 형식적인 내용들만을 알리는 것으로는 충분치가 않다. 다음의 세 가지 중요한 사항들이 전해져야만 한다.

- 모임의 목적과 반원의 의무
- 위험요소와 보상요소
- 모임의 규범과 운영방식

물론 위 내용들에 대해 구체적으로 다 이야기할 필요는 없지만, 그 기본적인 사항들은 처음부터 말해주는 것이 좋을 것이다. 더 세부적인 내용들은 공식적인 첫 모임에서 논의하면 될 것이다.

모임의 목적과 반원의 의무

당신은 당신이 원하는 대로, 모임을 틀에 얽매이지 않고 자유분방하게 혹은 엄격하게 운영할 수 있다. 그러나 처음 모임을 가지기 전에, 그 모임이 얼마나 길게 진행이 될 것인지 그 시간을 정해놓는 일은 꼭 필요하다. 어떤 경우에든, 모든 반원들은 자신들이 해야 할 일을 사전에 알 권리가 있다.

내가 만약 모임의 목적에 대해서 이야기를 한다면, 이렇게 말할 것이다. "이 모임의 의도는 부부관계를 돈독하게 만들기 위한 기초에 대하여 공부하고자 하는 것입니다. 창세기 2장에서, 하나님은 우리에게 우리의 부모를 떠나서, 배우자와의 친밀한 연합을 이루고, 한 몸이 되라고 말씀하셨습니다. 이 공부를 통해서 우리는 '떠남' 과 '연합' 과 '한 몸 되기' 의 의미가 무엇인지를 배우게 될 것입니다. 또한 이 모임을 통해 우리는 각자의 부부관계의 구체적인 성공담과 실패담 그리고 부부관계 개선법 등에 대하여 이야기를 나눌 기회들을 갖게 될 것입니다. 또 하나님께서 허락하시면, 내 자신과 동일한 문제와 갈등들로 고민하고 있는 다른 부부들까지 돌볼 수 있는 섬김의 유익까지 얻게 될 것입니다."

그리고 한 가지 더 덧붙인다면, 이 모임은 '집단치료'나 부부 관계상의 깊은 상처와 갈등들을 '폭로' 하기 위한 자리가 아님을 주지시켜줄 것이다. 이 모임은 '성경공부 모임'이지 '상담 치료 프로그램'이 아니기 때문이다. 그러나 나는 또 분명하게 밝힐 것이다. "모임의 지도자로서, 저와 저의 아내는 성경공부 교재의 내용을 좀 더 잘 설명하기 위해서라도 저희 부부의 갈등들에 대해서 정직하게 이야기 할 것입니다. 그리고 그것이 우리가 공부하게 될 교재들을 더 효과적으로 이해하는데 도움이 된다면, 저는 여러분들도 저희 부부처럼 그렇게 해주시기를 부탁드리겠습니다."

다음으로, 성경공부 반원들의 의무는 아래의 세 가지 정도이다.

- 모임에 빠지지 않는다. 반원들로 하여금 자신들의 일정표에 모임을 위한 시간을 아예 처음부터 비워놓도록 하라.
- 모임에 지각하지 않는다. 하지만 지도자는 매 모임의 시작 전 몇 분 정도는, 모든 반원들이 다 참석한 가운데 본격적인 교재공부가 진행될 수 있도록, 다과를 들며 서로 담소를 나눌 수 있는 여유 시간을 주는 것도 한 지혜일 것이다.
- 모임을 위해 준비한다. '예습' 없이 모임에 나와 앉아있는 것은 별 도움이 못된다. 지도자는 반원들이 매 모임에 오기 전에 부부가 함께 적어도 한 시간 정도는 성경공부에 또 한 시간 정도는 서로간의 대화에 투자할 것을 권면할 필요가 있다. 차타고 오면서 하는 그런 대화 말고, 또 자녀들이나 다른 전화나 그 밖의 일들로 인해 방해받지 않는 부부 둘만의 대화 시간을 일정표에 기록해가도록 독려하라.

위 세 가지 의무를 이행하지 못할 부부들은 애초부터 모임을 시작하지 않도록 하는 것이 좋을 것이다. 결국 가장 불성실한 부부가 곧 그 모임 전체의 성패를 가름하는 경우가 대부분이기 때문이다. 이 말은 예비 반원들은 자신들의 부부로서의 기본적인 의무감이 신실한 것임을 증명해야만 한다는 의미이다. 이 모임에의 참석을 통해서 말이다.

위험요소와 보상요소

예비 반원들이 모임에 등록하기 전에 먼저 그 '비용'을 계산해볼 수 있도록 도우라. 이 일은 보통, 부부 반원들로 하여금 누가복음 14:28-33을 읽어보고 기도하도록 권유함으로써 간단하면서도 효과적으로 행해질 수 있다. 나는 지도자인 당신이 이렇게 말할 것을 추천한다. "김 집사님, 이 집사님, 저는 두 분이 부부로 함께 이번 성경공부 모임에 참여하시기로 결정해주셔서 참 기쁩니다. 모든 부부들이 어느 정도는 다 스트레스와 문제들을 안고 있지요. 좀 더 정확하게 말하자면, 우리 모두는 일종의 '공격'을 당하고 있습니다. 악한 영들은 우리의 부부관계가 아름다워지는 꼴을 못 보기 때문이지요. 이 공부를 시작하기 전에, 저는 두 분이 부부관계에서 가장 개선하시고 싶은 것이 무엇인지를 한 번 생각해보시기를 원합니다. 우리가 공부하게 될 교재들은 우리가 우리 자신들의 약점을 좀 더 정직하게 바라보고 또 강점에 대해서는 감사할 수 있도록 도와줄 것입니다. 두 분 사이에 전혀 문제가 없으시다면, 사실 이 모임에 참석하실 이유도 별로 없으신 것입니다. 그러나 내 자신의 단점에 대해 정직하기가 얼마나 어려운 일인지를 고려해볼 때, 저는 두 분이 이 모임에 함께 참석하시면서 청룡열차타기와 같이 흥미진진한 공부를 위해 기도하고, 대화하고, 준비하실 수 있기를 권해드리고 싶습니다."

당신이 이렇게 말하게 되면, 부부는 질문을 하고 싶어할 것이다. 그러면, 당신은 이 모임을 위해 준비하면서 당신이 당신의 배우자와 함께 나누기 시작했던 몇몇 이야기들을 들려주면 될 것이다. 물론 그 이야기들을 들려줄 준비는 당연히 되어있어야 할 것이고 말이다.

모임의 규범과 운영방식

> 부부간이나 모임 안의 긴장감은 성장을 위해 필요하다.

대부분의 사람들은 성경공부 모임이 어떻게 운영될 것인지에 대해서는 별로 물을 생각을 하지 않는다. 그러나 몇몇 염려거리들이 발생하기 전에 미리 그것들에 대해 말해주는 것은 지도자로서의 당신의 신뢰도를 높여주는 일이 될 것이다. 나는 지도자들이 모임 속에서 '비밀유지'와 '하위집단' 그리고 '규정'과 '갈등'의 문제들을 다룰 것을 권면한다.

- **비밀유지**: 모임의 모든 반원들은 이 말이 무슨 뜻인지를 알아야만 한다. 반원들이 이미 알고 있다고 가정하지 말라. '비밀유지'란 모임 속에서 이야기된 개인 신상에 관한 모든 사항들이 절대로 모임 밖으로 새어나가서는 안 된다는 뜻이다. 어떤 반원이 자신의 결혼생활이나 자신의 배우자나 그 밖의 다른 사람에 대해 언급한 이야기들은 같은 반원이 아닌 그 모임 바깥의 외부인들에게 결코 전달되어져서는 안 된다.

- **하위집단**: 반원들은 정규 모임 밖에서 '하위집단', 다시 말해, '또 다른 모임'을 만들어서 같은 반원들이나 그들의 결혼생활에 대해 이야기하는 일을 하지 않겠다는 약속을 서로 해야만 한다. 모든 반원들이 그 문제를 다음 정규 모임에서 다시 함께 논의하겠다고 동의하지 않는 이상은 말이다. 예를 들어, 두 사람의 반원이 커피숍에서 만나 또 다른 반원을 자신들 이야기의 주제거리로 삼는다고 하자. 이것이 합법적인 일인가? 이것은 명예롭지 못한 일이다. 이 두 사람이 자신들이 한 이야기를 자신들이 이야기 주제로 삼았던 그 반원이나 부부에게 나중에 모두 말해주겠다고 약속했다면 몰라도 말이다. '하위집단'을 형성하는 일을 금지하는 것은 반원들이 서로 간에 덕스럽지 못한 잡담들에 빠지는 것을 방지해주는 유일한 예방책이다. '하위집단'을 조성하여 반원들의 이야기를 정규 모임 밖에서 나누는 일들은 '비밀유지' 약속을 깨트리는 것만큼이나 서로간의 신뢰를 무너뜨리는 행위이다.

- **규정**: '자기노출'과 '적당함' 사이에는 항상 고민이 있기 마련이다. 다른 형태의 성경공부 모임에서는, 개인적인 자기 노출이 자신의 배우자까지 연루시키지는 않는다. 그러나 부부 성경공부 모임에서는, 개인의 갈등에 대해 언급하는 일은 곧 자신의 배우

자까지 토론 속으로 끌어들이는 결과를 낳게 된다. 실제적인 문제들과 고민들을 다루지 않는 피상적인 부부 모임을 운영하는 것은 별 의미가 없는 것이지만, 부부간의 실질적인 갈등들을 다루는 일은 큰 조심성을 요하는 일이다. 모든 '자기 노출'은 모임 속에서 공개되기 이전에 반드시 자신의 배우자에 의해 사전 허락을 받아야만 한다. 모임의 한 가지 규정은 부부간에 먼저 이야기 되지 않은 그 어떤 문제도 모임 중에 공개될 수 없다는 것이다.

- **갈등**: 부부간이나 모임 안의 긴장감은 성장을 위해 필요한 것이다. 이 사실은 반원들에게 수차례 주지시키고 토론할 필요가 있는 내용이다. 갈등의 표현이 허락되지 않으면, 그것은 은밀하고도 정직하지 못한 방식으로 그 모습을 드러내게 된다. 지도자와 반원들이 갈등에 대하는 태도가 그 모임의 유익성 유무를 결정하게 된다. 어떤 긴장감도 모임을 무미건조하게 만들거나 따분한 것으로 만들지는 않는다. 그러나 또 너무 큰 긴장감은 반원들을 두렵게 하거나 방어적으로 만들 수도 있다. 따라서 '경멸감의 표출'이나 '비난', '원망', 혹은 '적대적인 침묵'이나 '회피' 등과 같은 행동들을 허락하지 않는 것과 같은 핵심 규정들이 필요할 것이다. 갈등해소가 성경공부 모임의 목적은 아니다. 또 장기적인 문제들의 해결 또한 그 목적이 아니다. 모임이 그저 서로의 불평을 들어주고 거기에 대한 합리적이거나 성경적인 해결법을 제시해주는 차원으로 전락해서는 안 된다. 그런 모임은 본래의 성경 공부에 충실할 수도 없을뿐더러, 그 모임에서 제공되는 조언들이 부부의 뿌리 깊은 문제들을 해결해주는 일도 거의 없기 때문이다. 그저 불만사항들을 떠벌리는 일은 반원들 사이를 멀어지게 만들뿐이며, 모임 전체를 실패로 몰고 간다. 다음 장에서 갈등에 대처하는 법에 대해 다루겠지만, 명확한 한계선이 수립될 필요가 있다. 그리고 그 한계선에는 이런 내용들이 포함되면 좋을 것이다. <u>"우리의 성경공부 모임은 '문제 해결'이나 '갈등 떠넘기기'나 '옳고 그름의 비판'에 집중하지 않는다."</u>

일단 이런 문제들이 반원들에게 숙지되어지고 난 후에는 이렇게 말하면 더 좋을 것이다. "제가 이삼일 후에 여러분들에게 다시 전화를 드리겠습니다. 모임이 시작되기 전에 제가 알고 있어야할 질문들이나 모임에 관한 염려거리들이 있다면, 그때 말씀해주시기 바랍니다." 두 번째 전화는 당신의 첫 번째 전화 통화 이후 예비 반원들의 마음에 생겼을 지 모를 막연한 불안감들을 일소해주거나 명확하게 정리해주는 일에 도움이 될 것이다. 대개 이 두 번째 전화는 많은 시간이 소요되지는 않을 것이다. 그러나 이러한 과정은 첫 번째 성경공부 모임이 좀 더 부드럽게 시작되는 데에 도움이 될 것이다.

첫 모임

첫 번째 모임은 다음의 두 가지 내용을 성취해야 한다. 첫째는 모임의 목적과 규정 그리고 기대사항들에 대한 수정이다. 둘째는 반원들이 서로를 알아가기 시작하는 것이다. 잔소리처럼 생각되어도, 최초의 전화 통화에서 말했던 모든 사항들을 다시 한번 반복하는 것이 좋을 것이다. 또 모든 반원들로부터 공통된 질문들을 받은 것이 있다면, 그 질문들을 적어두었다가 전체 모임에서 말해주는 것도 한 지혜로운 방법일 것이다.

나는 반원들로부터 각자 이 성경공부 모임을 통해 개인적으로든 부부 공동으로든 자신들에게 일어나기를 원하는 변화가 무엇인지에 대해 듣고 싶을 것이다. 이것은 반원들의 목표를 개인화시키는 데에 도움이 될 것이기 때문이다. 이러한 토론이 너무 길거나 너무 사적인 것이 될 거라고 지레짐작하지 마라. 이렇게 묻는 것도 좋은 방법이 될 것이다. "부부 성경공부 모임에 참석하시는데 어떤 두려움이 있으셨나요?" 대답들이 일반적인 내용일 수도 있지만, 반원들에 대해 더 많은 것을 알 수 있게 될 것이다.

이제 좀 더 중요한 자기소개 순서이다. 거의 모든 부부들이 어떻게 만나 구애를 하고, 어떻게 갈등의 시간을 겪다가, 어떻게 결심을 하고 결혼까지 하게 되었는지에 대한 자신들만의 이야기를 가지고 있을 것이다. 모든 부부들에게 그들의 결혼 앨범이나 가장 잘 나온 결혼사진 등을 몇 장 가져오도록 하는 것도 사람들로 하여금 자신의 이야기를 풀어놓게 하는 아주 기발한 방법이 될 것이다.

첫 모임에서는 반원들이 자기들만의 독특한 결혼 이야기를 서로 들려주고 듣는 일이 필요하다. 결혼 전 첫 만남과 구애에 관련된 이야기들과 사진들은 보여주기도 쉽고 말하기도 쉽지만, 그것들은 그들 부부의 강점과 취약점들을 잘 드러내줄 것이다. 더 나아가, 자신의 삶의 중요했던 사건들을 서로 나누게 되면, 반원들은 서로에게 훨씬 더 친밀감을 느끼게 될 것이며, 더 많은 관심을 갖게 되며, 마음을 열게 될 것이다. 대신 지도자는 시간을 공평하게 분배해서 모든 부부 반원들이 빠짐없이 자신들의 이야기를 나눌 수 있도록 해야 할 것이다.

첫 모임이 끝날 시간이 되면, 지도자는 모임 속에서 이야기 되어졌던 공통된 주제나 문제점들을 요약해줄 수 있다면 더욱 좋을 것이다. 다음 번 모임을 위한 계획을 수립하고 나면, 기도로 마무리를 하는 것이 자연스럽고도 서로의 유대감을 강화하는데 효과적일 것이다. 혹 시간이 남으면, 약간은 촌티 나고 우스꽝스런 서로의 옛날 결혼사진들을 돌려보면서 웃음과 즐거움을 나누는 것도 좋겠다.

후속 모임들

모임에 있어서 좋은 시작보다 더 고무적인 것도 없다. 어떤 소그룹들은 정규 성경공부 모임에 이어 다른 친목행사들을 기획하기도 하지만, 또 다른 그룹들은 공식적인 모임 이외에는 서로 교류가 없기도 할 것이다. 하지만 어떤 경우이든지 간에, 서두르지는 않지만 잘 준비된 시작은 지도자에 대한 신뢰감을 심어줄 것이며, 모임의 참여를 더 용이하게 해줄 것이다.

두 번째 모임부터는 이제 본격적인 성경공부를 시작할 수 있다. 모임이 어떻게 운영되는가 하는 것은 지도자의 최초의 스타일과 반원들의 반응 간의 상호작용에 의해서 결정이 난다. 지도자 편에서는 자신이 '독재자'가 되어, 모임을 '군대식'으로 이끌어가려고 해서는 안 된다. 또한 반원들 편에서는 공부과정을 주도하고, 반원들로 하여금 그들의 목표를 가장 잘 성취할 수 있는 종류의 집단경험을 만들어내는 일에 도움을 주는 '주동자'가 필요하다. 어떤 그룹들은 광장히 의견 교환들을 활발히 할 것이고, 또 어떤 그룹들은 주어진 과제에만 충실하는 것을 더 편안하게 생각하기도 할 것이다. 모임을 운영하는 데에는 딱 정해진 '옳은 길'이란 없다. 교재를 통한 공부와 모든 반원들이 자신의 생각을 발표할 수 있는 충분한 기회들, 이 두 가지만 확실히 보장된다면 말이다.

모임이 여러 차례 반복된 후에는, 일부 시간을 할애하여 지금까지 공부해오면서 느낀 바들을 서로 이야기하면서 모임을 재정비하는 것도 괜찮을 것이다. 지도자는 이렇게 말을 할 수 있다. "오늘 모임을 마치기 전에, 저는 여러분들 각자가 우리의 모임이 여러분들이 기대했던 바대로 도움이 되는 쪽으로 나아가고 있는지에 대해 한번 되돌아보는 시간을 가졌으면 좋겠습니다. 이 모임이 우리에게 유익한 경험이 될 수 있기 위해 수정 보완해야 할 사항이 무엇이지를 중간 점검 해보도록 합시다." 물론 모든 제안들이 다 실행될 수 있는 것은 아니겠지만, 모임을 통해서 무엇이 가능하고 무엇을 바랄 수 있는지에 관한 더 분명한 인식들이 형성될 수 있을 것이다.

마무리

당신은 지도자로서 첫 번째 교재를 끝마치고 난 이후에도 얼마나 더 모임을 지도할 수 있게 될 것인지를 알고 있어야 한다. 6~7주 동안의 성경공부 모임을 한번만 지도하기로 결정이 되었다면, 처음부터 그 사실을 반원들에게 알릴 필요가 있다. 하지만 시리즈 교재 일곱 권 모두를 지도하게 될 것 같은 경우라면, 서너 번의 모임을 가진 후에 그 사실을 알려주는 것이 좋을 것이다.

또한 모든 반원들 역시 자신들이 얼마나 오랫동안 성경공부 모임에 참석할 수 있는지를 밝혀야만 한다. 이 성경공부는 모두 7권의 교재를 다루도록 설계되어 있다. 그리고 그 교재들 각 권은 각각 6개의 장(章)들로 구성이 되어있다. 따라서 총 42주가 소요될 것이다. 이 교재들은 '떠나기', '연합하기', '한 몸 이루기'라는 '결혼의 3요소'에 그 근거를 두고 만들어졌다. 그리고 이 3요소는 적어도 일곱 권의 교재들 중 한 교재의 핵심주제이기도 하다. 내가 만약 커플 힐링 시리즈 성경공부 모임을 인도한다면, *결혼의 목적(The*

Goal of Marriage)이라는 책을 첫 번째 교재로 사용할 것이다. 그리고 오직 또 한 권의 교재만을 더 공부할 수 있는 기회가 주어지는 상황이라면, 나는 곧바로 용서(Forgiveness)라는 책을 선택할 것이다. 이 교재는 부부간의 '죄' 와 '회개' 그리고 '용서' 와 '화해' 에 대해 다루고 있다.

우리가 소망하는 바는 이렇다. 가장 이상적인 공부는 성경공부 모임 반원들이 일 년여에 걸쳐 일곱 권의 시리즈 교재들 모두를 탐구해보는 것이다. 그리고 그렇게 하기로 결정을 내렸다면, 먼저 모든 반원들이 결혼의 신비(The Intimate Mystery)라는 책을 먼저 읽어볼 것을 권한다. 그리고서 '떠나기', '연합하기', '한 몸 이루기' 에 관한 결혼의 목적(The Goal of Marriage)을 첫 번째 교재로 하여 부부 성경공부를 시작해가면 적절할 것이다.

> '부모를 떠나라' 는 말씀은 그리스도인들에 의해 가장 오해되고 있고, 또 가장 준행되지 않는 성경의 명령들 중 하나이다.

일곱 권의 시리즈 교재들을 모두 공부하기로 한 경우, 모임의 두 번째 교재로서 연인에서 가족으로(Family Ties)를 추천한다. 이 교재는 특히 '떠나기' 의 문제에 대해 부부들에게 도움을 줄 것이다. 결혼한 부부들이 자신들의 '부모를 떠난다' 는 것은 많은 부부들에게 심각한 갈등을 일으키는 문제임이 확실하다. '부모를 떠나라' 는 말씀은 그리스도인들에 의해 가장 오해되고 있고, 또 가장 준행되지 않는 성경의 명령들 중 하나이다. 그 다음 교재로는 의사소통(Communication)을 권하고 싶다. 이것은 '떠나기' 다음 단계인 '연합하기' 와 직접적으로 관련된 내용이기 때문이다. 또 이 교재를 마친 후에는 곧바로 '부부의 성 문제' 를 다루는 교재보다는 '남성과 여성 간의 차이점' 을 배울 수 있는 남자와 여자(Male and Female)를 먼저 공부하는 것이 현명할 듯싶다. 남녀 간의 차이 문제는 의사소통의 문제와도 직접 연결되어있기도 하기 때문이다.

당신의 소그룹이 공부하도록 추천하고자 하는 다음 교재는 용서(Forgiveness)이다. 이것은 지금까지 열심히 공부해온 그 동안의 수고 때문에 시리즈 교재 공부의 고비가 될 것이다. 이 교재가 좀 더 일찍 다루어졌다면, 지도자 입장에서는, 모임을 지도하는 일이 훨씬 더 쉽고 예상 가능할 수도 있었을 것이다.

이제 모임 안의 부부들이 기꺼이 '용서'에 관한 문제들과 직면하게 되고, 부부간에 서로를 존중하고 용서를 주고받을 수 있을 만큼의 성장이 이루어졌다면, 나머지 두 권의 교재를 계속해서 공부해갈 준비가 된 것이다. *결혼과 성(Sexual Intimacy)*이라는 교재와 함께 거칠기도 하고 아름답기도 한 '성의 바다' 속을 탐험할 적당한 때가 되었다는 것이다. 하지만 만약 앞 단계 공부들의 튼튼한 기초가 없이 이 교재를 성급히 다루려고 한다면, 그것은 위험한 일이 될 수도 있을 것이다. 또 이 책을 마지막 교재로 미루어두지 않은 것은 이 주제에 대해 좀 더 깊이 생각해볼 충분한 시간을 부부들에게 주기 위함이다.

시리즈 성경공부의 마지막 교재로 추천하고자 하는 책은 *바람과 집착(Dreams and Demands)*이다. 이 교재는 지금까지 공부해온 부부관계의 핵심 탐구주제들을 다시 한번 복습할 수 있는 효과적인 길이자, '행복하고 아름다운 부부관계의 3요소' (떠나기, 연합하기, 한 몸 이루기)를 더욱 강화시켜주는 강력한 통로가 되어줄 것이다.

4
혼돈과 갈등 그리고 변화

지도자가 되는 일은 용기가 필요한 일이다. 때론 무모함을 필요로 하기도 한다. 특히나 '총격전'이 벌어진 후에도 '전투현장'을 지키는 일은 더 큰 용기가 필요하다. '싸움'은 일어나게 되어있다. 그것은 확실한 사실이다.

> 지금 당신이 하고 있는 일은 영원히 중요한 일이다.

하지만 지금 당신이 하고 있는 일은 영원히 중요한 일이다. 당신은 부부들로 하여금 신실한 결혼 서약을 하게하고, 그들의 관계를 깊이 있게 만들고, 그들 자신 안에 있는 죄와 직면하도록 초청하고 있기 때문이다. 당신은 지금 악한 영이 무너뜨리기 위하여, 온갖 술책을 다 부리고 있는 우리 삶의 중요한 한 영역에서 그것과 대전을 벌이고 있는 중이다. 따라서 야기되는 어두운 혼돈과 갈등들에 놀라지 마라. 또한 우리 자신들보다 부부관계의 회복에 더 열정을 가지고 계신 아버지 하나님의 뜨거운 마음에도 놀라지 마라. 그분은 변화를 열망하신다. 그분은 모임 안의 모든 반원들의 마음에 변화를 몰고 오실 계획을 가지고 계신다. '혼돈'과 '갈등'이 없는 곳에는 '변화'도 없다. 갈등과 혼돈을 예상하고 있을 때, 우리는 좀 더 효과적으로 그것들에 대처할 수 있을 것이다.

이 경고에 주의하라. 모임 내의 모든 복잡한 문제들을 다룸에 있어서 특효약과 같은 기술이나 간단한 치료책은 없다. 우리의 삶은 더 말할 것도 없지만 말이다. 그러나 우리는 지혜를 구할 수 있고, 우리가 걸어가야 할 지형에 대해 세세한 걸음 하나하나까지는 아니더라도 전체적인 시각을 확보할 수 있다. 이 책에서 언급되는 것보다 훨씬 더 많은 문제들이 당신이 지도하는 모임 속에서 발생할지도 모른다. 그러나 자세히 살펴보면, 대부분의 다른 모든 문제들 역시 우리가 여기에서 다루는 것들의 '아류'에 불과할 뿐이라는 사실을 보게 될 것이다.

'지각생'과 '결석생'

모임에 늦는 '지각생'들 유형에는 세 가지가 있다. '우발형', '회피형', 그리고 '수동적 공격형'이다. 먼저 '우발형'은 교통체증에 걸렸거나, 모임 시간 바로 전에 급한 전화를 받았거나, 또는 시간 가는 줄 모르고 있었던 경우이다. 이것은 상습적인 행동은 아니다. 이들은 모임에 늦게 되는 경우, 지각한 것에 대해 사과나 설명을 한다. 이런 지각생들에 대해서는 그저 미소로 맞아주며, 당신 역시도 다른 모임이나 마감시간들을 지키지 못했던 경험들이 있음을 기억하면 될 것이다.

다음으로 '회피형'이다. 이들은 모임에 참석하는 일에 확신이 없다. 이들의 지각은 상당히 상습적이며, 모임 초기부터 문제가 된다. 이들에게는 항상 핑계거리가 생긴다. 그리고 지도자로 하여금 모임에 그만 참석하라는 말을 하게끔 유도하고 있는 것처럼 보이기도 한다. 이들은 다른 모임에는 늦지 않는다. 삶의 다른 영역에서는 무책임한 사람들이 아니다. 이들 부부들은 대개 어느 한쪽은 모임에 참석하기 위해 미리 준비하고 제시간에 오려고 하지만, 다른 한쪽이 꾸물거림으로 모임에 오기 전에 한바탕 전쟁을 치르기도 한다. 만약 이런 태도가 그 사람의 일반적인 행동방식이 아니라면, 그것은 모임에 나와 자신의 결혼생활이 공개되는 것에 대한 두려움 때문일 가능성이 크다.

이런 '회피형' 지각생을 다루는 가장 좋은 방법은 몇 번의 결석이나 지각이 있은 후에, 모임에 참석하는 일이 싫은지를 단도직입적으로 물어보는 것이다. 대부분의 경우, 정중하게 아니라고 대답할 것이다. 하지만 계속 물어보라. 다른 모임들에는 좀처럼 늦지 않는데 유독 이 성경공부 모임에만 늦는 것이라면, 모임에 대해 어떤 두려움이나 불안감을 가지고 있는 것이 아닌지를 말이다. 이런 대화로 무슨 특별한 해결책이 나오지 않는다고 해도, 그런 대화 자체가 지각하는 습관을 치료하고, 그 부부가 자신들 사이의 갈등을 서로 이야기해볼 수 있도록 하는 일에 도움을 줄 것이다.

지도자를 가장 힘들게 하는 유형은 바로 세 번째인 '수동적 공격형' 이다. 이런 반원들은 계속적인 지각을 통해서 다른 반원들을 방어적이 되도록 만든다. 시간이 지남에 따라 이들은 자신의 지각을 농담거리화 한다. 그러나 그런 어설픈 유머는 단지 무례함과 폭력성을 감추고 있는 겉치장에 불과하다. 이들은 다른 모든 반원들을 기다리게 만든다. 그리고 다른 사람들을 기다리게 하는 것은 일종의 힘이 있는 행동이 된다. 사람들이 그를 기다리고 있다는 것은, 그가 '왕' 이 되었다는 것이다. 만약 사람들이 그 반원 없이 모임을 시작한다면, 그들은 그를 '왕' 처럼 보고 있거나 '거지' 처럼 무시하고 있는 것이다. 하지만 어떤 경우이든, 그가 주도권을 잡고 있기는 마찬가지이다. 어떤 점에서, 그가 '왕' 이냐 '거지' 이냐는 중요하지 않다. 왜냐하면 그는 다른 반원들을 무기력하고 방어적인 사람들로 만들고 있기 때문이다. 그는 모임을 분열시키고 있고, 그것이 그에게 힘을 주고 있다.

이런 형태의 지각은 그 사람의 인격과 깊이 관련이 있다. 그리고 그의 배우자는 그 사실을 감춰주기 위해 그의 반복적인 지각에 대한 끝없는 변명을 하게 될 것이다. 놀랍게도, 이런 유형의 사람은 좀처럼 사과를 하지 않는다. 혹 한다 해도, 그저 형식적이고 의례적인 수준일 뿐이다.

이런 경우에는 딱히 치료법이 없다. 단지 그 부부들에게 모임에 참석하는 일을 재고해보라고 요청하는 일밖에는 말이다. 이렇게 말하면, '수동적 공격형' 지각생은 기분 나빠하며 방어적인 자세를 취할 것이다. 그리고 무고한 그의 배우자는 깜짝 놀라, 앞으로는 지각하는 일이 없을 것이라고 약속할 것이다. 하지만 지도자가 해줄 수 있는 말은 다음과 같다. "제가 이해하는 바로는, 지각하시는 습관이 비단 이 모임에만 해당되는 것이 아니라, 결혼생활 전반에 나타나는 행동이신 것 같습니다. 그리고 정말로 그렇다면, 그런 습관은 단순한 의지나 선택으로 바뀌기는 어려우실 거라고 생각됩니다. 저는 두 분이 전문 치료사와 상담을 해보실 것을 권해드리고 싶습니다. 상담을 받아보시면, 어떻게 그런 행동습관이 형성되게 되었는지를 알아내시는데 도움을 받으실 수 있을 겁니다. 저희들도 두 분을 계속해서 이 모임에 참석하시도록 하면 좋겠지만, 여기에 시간 맞춰 오시기 위해 애쓰시는 다른 분들을 희생시키면서까지 그렇게 하기는 어려울 것 같습니다. 두 분은 이런 행동 습관에 대해 어떻게 하실 계획이신지요?"

'대화 독점생'

거의 모든 공동체나 모임 안에는 적어도 한 사람 이상의 '만물박사' 가 있게 마련이다. 대부분의 사람들에게 있어서 '만물박사' 라는 호칭은 비꼬는 말로써 들린다. 그러나 '만물박사' 들은 그 말을 오히려 칭찬으로 받아들인다. 흔히 이런 사람들은 실제로도 아주 똑똑하고, 아는 것이 많다. 그러나 그들에게 크게 부족한 것은 대화를 독점하려는 자신들의 집요한 태도를 다른 사람들이 어떻게 생각하고 있는지를 읽을 수 있는 'EQ', 즉 '감성지수' 이다.

이런 사람들에게는 보통 두 가지 종류의 제재가 필요하다. 첫째는, 모임의 규칙을 공개적으로 상기시켜주는 것이다. 그리고 둘째는, 그 모임의 규칙을 확실히 하기 위한 좀 더 개인적인 대화를 갖는 것이다. 이 '수다스런' 반원의 말이 끝난 후에는, 다른 반원들에게 물어보거나 요청하는 것이 도움이 된다. 또 다른 의견들이 없는지를, 혹은 그 반원의 생각과 비슷하다면, 자신들의 말로 바꾸어 다시 한번 이야기해볼 수 있도록 말이다. 대부분의 경우, 이 '대화 독점생' 은 다른 반원이 말하고 있는 도중에 끼어들어 토론을 하거나 자신의 입장을 분명하게 밝히려고 들 것이다. 그리고 바로 그때, 지도자는 부드럽지만 단호한 개입을 할 필요가 있다. "강 집사님, 집사님의 견해는 우리 모두에게도 중요합니다. 그러나 너무 집사님 의견만을 말씀하시게 되면, 다른 반원들이 자신의 생각을 이야기하는 데에 어려움을 느끼실 것 같습니다. 다른 분들에게도 발언할 수 있는 기회를 좀 주셨으면 좋겠습니다."

그리고 지도자는 이러 일이 있은 후에는, 나중에 그 반원에게 전화를 걸어 그의 그런 행동과 지도자 자신의 개입에 대하여 오해하지 않도록 이야기하는 것이 지혜로운 처사일 것이다. 또한 지도자는 '대화 독점생'이 자신의 문제를 인식하고 있는지, 그리고 이런 중요한 질문을 스스로 할 수 있는지를 살펴보아야 한다. "대화를 독점하고자 하는 나의 태도는 내가 어떤 사람임을 보여주는 것인가?" 만약 그가 이 질문에 대해 생각할 정도로 마음이 열려있다면, 그 다음 단계는 이렇게 물어보는 것이다. "집사님의 그런 행동이 집사님의 배우자에게는 어떤 영향을 미칠 것 같다고 생각하시나요?" 이것은 그 '대화 독점생' 반원과 그의 배우자가 지금껏 받아본 가장 사려 깊은 선물들 중의 하나가 될 수도 있을 것이다.

'겉치레생'

반원들 중 누구도 정직을 강요받고 있다고 느껴서는 안 된다. 우리 모두는 서로 다른 성장 단계에 있으며, 기꺼이 모험을 감수하고자 하는 자발성에 있어서도 다른 수준이다. 따라서 어느 정도 선까지는 의무적으로 자신의 부부관계에 대해 공개해야만 한다는 기본선이 요구되어져서는 안 된다. 그러나 어떤 반원들은 자신을 노출하지 않으려는 태도를 훨씬 넘어서서 자신 부부들의 문제를 미화하려는 경우들도 있다. 그들은 흔히 이렇게 말한다. "저희 부부도 문제를 축복으로 변화시킬 필요가 있다는 것을 깨닫기 전까지는 늘 싸우곤 했었답니다."

이런 '허풍'에는 어떻게 대처를 해야 하는가? 불편한 억지웃음을 지어주며, 어색하지만 이야기하고 있던 본론으로 다시 돌아가는 것 말고는 별로 할 일이 없다. 그러한 '겉치레'적인 발언은 대화를 단절시킨다. 그런 허식은 맞장구쳐주기도 그렇고, 그렇다고 그냥 무시하고 넘어가기도 어려운 문제이다.

> 우리의 인생이 그러하듯, 우리의 부부관계 역시 해답이 없다. 우리가 의지할 수 있는 대상은 단 한 분, 예수 그리스도 뿐이시다. 우리 스스로가 찾는 해답들은 고작해야 일시적이고 불완전한 것들 밖에는 없다. 그러나 예수 그리스도 그분만은 절대적으로 신뢰가 가능하다.

이런 '겉치레'의 함정에 빠지지 않고 피해갈 수 있는 한 가지 길은 서로를 상기시켜주는 것이다. 우리의 인생처럼, 우리의 부부관계 역시 해답이 없으며, 우리가 의지할 수 있는 대상은 단 한 분, 예수 그리스도 밖에는 없다는 사실을 말이다. 우리 스스로가 찾는 해답은 기껏해야 일시적이고 불완전한 것들뿐이다. 그러나 그분은 우리가 절대적으로 신뢰할 수 있는 분이시다.

만약 이 '겉치레'의 행동이 그 반원에게서 계속해서 나타난다면, 지도자에게 필요한 일은 그저 그러한 태도에 동의하지 않는 것이다. 지도자는 혼란스럽고 힘든 세상 속에서 위로를 찾아보고자 애쓰는 자세 그 자체에 대해서는 칭찬을 아끼지 않되, 다른 반원들에게는 그런 '허세'에 영향을 받지 않도록 주의를 줄 필요가 있다.

'과다 노출생'

'겉치레'의 반대는 '깊이성'이 아니라 '무분별한 노출'이다. '과다 노출생'은 보통 사람들이 공개하지 않고 남겨두는 문제의 부분들까지를 지나칠 정도로 상세하게 말하고 토론하는 기회를 즐기는 것처럼 보인다. 이것은 '정직성'의 문제가 아니라 '습관적인 무절제함'이다.

이런 사람은 이렇게 변명한다. "저는 그저 사실을 있는 그대로 말할 뿐이에요." 그리고 이렇게 덧붙임으로써 자신을 방어하기도 한다. "만약 당신이 진실을 감당할 수 없다면, 그것은 당신 문제이지 제 문제는 아니잖아요?" 흔히 이들이 다루는 주제는 '부부간의 비밀', '성적인 갈등', '실수나 사고', '수치스런 문제들' 등이다. 그들은 사람들을 놀라게 하는 일에 은근한 혹은 노골적인 쾌감을 느끼는 것 같다.

이러한 행동은 신속히 제재를 가할 필요가 있다. 만약 그냥 방치해두면, '과다 노출생'은 그 수위를 점점 더 높여갈 것이다. 지도자는 이렇게 말할 수 있다. "집사님, 저는 집사님의 너무 지나치게 솔직한 언어와 표현들 때문에 다른 분들이 불편해하고 있다는 사실을 집사님도 알고 계시다고 생각합니다. 다른 반원들을 불안하게 하고자 하는 것이 집사님의 의도는 아니시죠? 그렇다면, 좀 더 적절한 수준에서 문제들에 대해 이야기해주시겠어요?"

이렇게 경고를 한 후에도 '부적절한 자기노출'이 계속되어진다면, 그 반원은 아마 한 번도 다른 사람들이 그의 말에 어떤 충격을 받았는지에 대해 말하는 것을 들어본 적이 없는 사람일 것이다. 따라서 모임의 규정이 세워져야 하는데, 그런 '과다 노출생'이나 모임 전체를 위해서 중요하게 한계를 그어놓아야 하는 점은 이렇다. 무엇이 일반적으로 이야기되어질 수 있는 정도를 벗어난 '과다 노출'이어서 사람들을 솔직함의 수위를 낮추지 않고서는 이야기할 수 없는 상황 속으로 이끄는 것인지, 그 정의를 분명하게 내려놓는 것이다.

모임 내의 갈등

갈등은 기존의 방어기제들이 공격받게 될 때 나타나는 긴장감으로부터 발생한다. 우리 각자는 우리 자신과 우리의 결혼생활과 인생 그리고 하나님에 대한 인식의 틀들을 가지고 살아간다. 그리고 누군가 우리의 기초를 뒤흔들려고 하면 대개는 달가워하지 않는다. 그러나 '인식체계의 전환'은 성장과 변화를 위해 반드시 필요하다. 모임의 지도자는 갈등을 예상하고 예견할 수 있어야만 한다.

지도자의 목표는 갈등을 최소화시키는 것이 아니라 반원들로 하여금 그 갈등에 대비하도록 하는 것이다. 자주 반원들 간의 의견의 불일치가 나타날 것이다. 그런데 많은 사람들에게 있어서, 모임 내에서의 공공연한 의견 충돌은 두려움으로 다가온다. 하지만 지도자는 그 '불일치'를 존중하고, 반원들에게 감사하며, 서로의 차이를 인정하기로 동의하는 모임의 규칙을 자랑스러워할 필요가 있다. 일단 갈등이 모임을 본궤도에서 탈선시킬 만큼 파괴적인 것이 아니라는 사실을 보게 되면, 대부분의 반원들도 안심하게 될 것이다.

그러나 또 어떤 갈등들은 존중하거나 수용할 수 없는 것들도 있다. 예를 들어, 부부가 모임 안에서 싸우기 시작하는 경우는 지도자가 머뭇거리지 않고 신속히 중단시켜야만 할 갈등이다. 그것은 마치 산 호수에서의 행선과도 같다. 바람이 번개 같은 속도로 산 밑을 향해 불어 닥칠 수 있다. 나무들이 흔들리고 호수의 물이 물결치기 시작하면, 배를 모는 사람은 지체해서는 안 된다. 급히 돛을 줄이거나 끌어내려야만 한다. 만약 그렇지 않으면, 배는 전복되기 십상이다.

지도자는 이렇게 말할 수 있어야 한다. "최 집사님, 강 집사님, 이것은 두 분 모두에게 쟁점이 되는 주제인 것 같습니다. 쉽게 흥분하시는 것을 뵈니까, 그 동안 많이 갈등이 있으셨던 문제인 것이 틀림없는 것 같네요. 저희가 도움이 되어드리면 좋겠지만, 두 분이 이렇게 싸우신다면, 어려울 것 같습니다. 저희가 어떻게 도와드릴까요? 저희는 두 분 사이에 심판관이나 재판관이 되어드릴 수는 없습니다. 저희가 어떻게 해드리기를 원하세요?"

지도자는 이런 식으로 갈등을 지적함으로써 그것을 종결시킬 수 있다. 그는 그 갈등이 새로운 것이 아님을 상기시키면서 문제 상황을 부부들 자신에게 설명해주어야 한다. 그리고 그 부부에게 모임 전체가 할 수 있는 범위 안에서의 도움을 요청하도록 권유할 수 있다.

> 갈등은 한 공동체로 하여금 고도의 열심과 열정으로 어려운 문제들을 다루어나가도록 하는 동력이 되기도 하지만, 차갑고 매서운 경멸감으로 공동체의 의욕을 꺾어버리는 역할을 하기도 한다.

갈등은 강렬하면서도 창조적이 될 수도 있지만, 너무 흔한 경우, 경멸과 원망, 비난 등으로 발전해간다. 갈등은 한 공동체로 하여금 고도의 열심과 열정으로 어려운 문제들을 다루어나가도록 하는 동력이 되기도 하지만, 차갑고 매서운 경멸감으로 공동체의 의욕을 꺾어버리는 역할을 하기도 한다. 따라서 지도자는 그 차이점을 분별해야할 책임이 있다. 경멸감은 사람을 무시하고 비하한다. 반면에 창조적인 갈등은 논쟁을 벌이되, 상호 협력과 격려의 분위기 속에서 그렇게 한다. 그 차이는 활자상으로는 다 설명하기 어렵지만, 실제 상황에서는 아주 분명하게 볼 수가 있다.

눈썹 올리기나, 얼굴 찡그리기, 어깨를 으쓱하기나, 그 밖의 다른 경멸의 몸짓들은 말로써 표현하기가 어렵다. 독설이나 원망, 불평 등은 금방 알아볼 수 있지만, 경멸감은 쉽게 파악이 안 될 수가 있다. 입술을 살짝 실룩거리는 행위만으로도 모임 전체의 분위기가 타격을 입을 수 있다.

경멸은 나에게 상처를 준 사람에게 보복하거나 주도권을 되찾는데 사용될 수 있는 악의적인 도구이다. 흔한 경우, 경멸감을 내비치는 사람은 자신이 지금 희망을 포기할 직전에 있거나 혹은 이미 포기한 상태라는 절망감을 느끼고 있기가 쉽다. 그래서 경멸감은 변화나 화해를 기대하지 않는 자포자기적인 공격무기이다. '눈에는 눈', '이에는 이'라는 식이다. 이런 이유 때문에, 대부분의 사람들은 경멸감을 보이는 사람을 피한다. 그러나 지도자는 그런 감정 상태에 있는 반원에게 굴복해서는 안 된다.

지도자가 성경공부 모임 안에서 일어나는 상황에 대해 우려를 표현하는 것은 중요하다. 이런 식으로 말이다. "박 집사님, 집사님의 말씀이 너무 격하고, 상처와 분노로 가득 차 있는 것 같아 좀 두렵네요. 죄송하지만, 말씀을 좀 멈춰주시면 어떨까요?" 지도자가 자신의 두려움을 표시하는 일은 지금 다른 사람에 대해 경멸의 마음으로 원망하고 불평하고 있는 반원으로 하여금 그 악순환으로부터 빠져나와 상대방의 입장에서 자신을 볼 수 있도록 도움을 줄 수 있다. 이런 식으로 악순환의 고리를 끊을 수 있다.

그러나 일단 그렇게 되면, 그 비난하던 반원은 수치심 때문에 모임으로부터 거리를 두기 시작하거나, 더 한 경멸감으로 비협조적으로 나오거나 혹은 입을 아예 다물어버릴 가능성이 크다. 비협조적인 경우에는, 뾰로통해져 있을 것이다. 그리고 모임으로부터 거리를 두는 경우는, 마치 투명인간인 것처럼 그 사람이 있는지 없는지를 알 수 없을 정도가 될 것이다.

하지만 이제 지금부터가 진짜 시작이다. 경멸에 찬 비난자가 비협조적으로 나오는 경우에는 사실상 모임을 계속 진행해가는 일이 거의 불가능해진다. 공부를 속행시키는 것은 뭔가 찜찜하다. 그러나 그렇다고 그 사람을 붙잡고 말을 시켜보려고 하는 것 역시 '인질범'과 협상하는 것처럼 어려운 일이다. 그 사람의 말은 장황하고 복잡하다. 그렇다면 어떻게 해야 하는가?

우선, 그 반원이 "내 눈의 들보를 먼저 뺀다."는 관점에서 문제를 생각해볼 의향이 있는지를 물어보라. 물론 이것은 큰 모험이다. 왜냐하면, 대부분의 비난자들은 그렇게 하기를 거부하기 때문이다. 그들은 씩씩거리거나 또는 그냥 방을 나가버릴 수도 있다. 하지만 어떤 경우이든지 간에, 지도자가 취할 수 있는 다음 단계는 반원들 전체에게 이렇게 묻는 것이다. "여러분, 우리는 지금 모임이 중단될 위기에 처해있습니다. 지금 이 상황에서 공부를 강행하는 것은 방안에 있는 큰 코끼리를 애써 무시하면서 다른 일을 하려는 것과도 같습니다. 그렇다고 나 집사님을 다시 모시고 들어온다면, 공부에 계속해서 방해를 받게 될 것입니다. 나 집사님은 아직 자신을 돌아볼 여유가 없으시기 때문입니다. 이러지도 저러지도 못하게 생겼는데, 어떻게 하면 좋겠습니까?"

이런 상황에서, 결정권을 반원들에게 양도하는 것은 지도자로서의 실패가 아니다. 오히려 사태를 짐짓 외면하려고 하거나, 모임 전체가 어떻게 행동해야 하는지를 당신이 결정할 수 있다고 생각하는 교만이 지도자로서의 결점이 될 것이다. 물론 당신이 반원들에게 결정할 것을 제안하게 되면, 불안감이 조성될 것이다. 반원들은 그저 위기상황을 지켜보고만 있는 입장인데, 그 위기 속으로 직접 개입해 들어가라고 하니, 그럴 만도 할 것이다. 침묵이 흐를 것이다. 긴장감이 감돌 것이다. 그러나 반원 전체로 하여금 어떻게 할 것인지를 선택하도록 이끌어가라.

이러한 경험을 통하여, 모든 반원들은 경멸감을 표현하는 행동이 공동체나 부부 사이에 용납될 수 없으며, 또 그 문제의 해결은 회피를 통해서가 아니라 부드럽고도 직접적인 드러냄을 통해서 온다는 사실을 배우게 될 것이다. 그리고 이런 정도 크기의 문제가 모임 내에서 발생한 경우에는, 지도자는 반드시 다음번 모임에서 그 문제에 대해 언급을 하고 넘어가는 것이 좋다. 만약 그렇게 하지 않으면, 그것은 곧 '괴물 코끼리'가 되어서 향후 모임 진행에 큰 걸림돌 역할을 할 것이기 때문이다. 반원들은 또한 배우게 될 것이다. 우리가 보기 흉한 사랑의 실패조차도 하나님의 역사를 가로막을 수는 없다는 것을 말이다. 대부분의 모든 부부들이 이와 같은 순간들을 그들의 관계 속에서도 확인하게 될 것이다. 이런 갈등들은 지혜롭게 다루어지지 않으면 'DMZ(부부간의 대화 회피 주제들)'로 변하게 되며, 부부간의 관계를 단절시키고 말 것이다.

기억하라. 이런 일이 있고 난 그날 밤은 지도자에게 있어서는 불면과 번민의 밤이 될 것이다. 문제를 좀 더 잘 해결할 수 있는 방법은 없었을까 하는 수많은 질문들이 마음속으로부터 올라올 것이다. 그 대답은 물론 '좀 더 잘 할 수도 있었을 텐데'일 것이다. 그러나 '자기 정죄'와 '자기 회의'에 빠져서는 안 된다. 훌륭한 지도자란 실패를 뒤돌아보되, 어떻게 하면 다음 번에는 좀 더 잘 할 수 있을 것인가를 생각하는 지점까지만 되돌아보는 사람이다. 실수에 대해 자기 자신을 스스로 한없이 괴롭히는 사람이 아니라 말이다.

성적 문란, 음란물, 학대, 그리고 수치감

우리는 성적인 존재들이며, 또한 죄인들이다. 우리 모두는 성적으로 죄를 짓는다. 타락 이후, 우리의 알몸과 성은 수치스러운 것이 되었다. 성과 관련된 문제들은 그것들을 다룸에 있어서 많은 기도와 주의가 필요한 어려운 주제이다. 성적인 문제들은 어느 때고 토론의 주제로 떠오를 수 있다. 그것들은 마치 전염병과도 같이 느닷없이 발생하여, 그대로 방치해두면, 아주 파괴적으로 변해갈 수 있다.

한 가지 딜레마는 우리가 아직 이런 문제들을 언급하는데 필요한 적절한 용어들이나 수용적인 분위기를 충분히 개발하지 못했다는 것이다. 모임 내의 많은 반원들에게 있어서, 누군가가 성적인 갈등에 대해 고백하는 일이 부적절한 자기 노출로 느껴질 수 있다. 사실 그것은 부적절한 일은 아니지만, 지도자는 즉시로 개입하여, 그 문제가 이미 해당 부부간에 사전에 이야기된 것인지를 확인할 필요가 있다. "노 집사님, 솔직한 말씀에 감사드립니다. 그러나 계속하시기 전에 우리는 집사님께서 그 문제를 모임 안에서 공개해도 좋다는 안집사님(아내)의 동의를 받으셨는지를 먼저 확인해야 할 것 같습니다." 만약 부부가 서로 동의하지 않은 경우라면, 모임의 규정은 지켜져야만 하고, 그 토론은 부부가 서로 합의할 때까지 미뤄져야만 한다.

하지만 상대 배우자의 허락이 떨어진 경우라면, 두 번째 단계로 들어가면 된다. 성경공부 모임은 상담을 위한 대체 장소가 아니다. 따라서 이런 질문이 제기되어져야만 한다. "노 집사님, 집사님도 아시다시피, 여기서 상담 치료를 할 수는 없습니다. 그렇다면 어떻게 하는 것이 집사님께 도움이 되시겠습니까?" 만약 그 반원이 요점을 분명히 말하거나, 기도나 도움을 요청한다면, 다른 반원들은 도움을 줄 수 있어야 한다. 그러나 그가 배우자의 용서나 아내에게 고백해도 좋을 '안전한' 장소를 구하고 있다면, 이 모임은 아니다.

성적인 갈등들이 토론의 주제가 되는 경우에는 그룹 전체가 나서서 그 문제를 해결하려고 시도하기보다는 그 그룹이 어떤 도움을 줄 수 있는지에 초점을 맞추는 것이 중요하다. 문제가 장기간에 걸쳐 계속돼 온 개인적인 것이라면, 짧은 순간에 그 갈등에 변화를 줄만한 도움말을 해주기는 어렵다. 그렇다고, 성적인 죄는 파괴적이며, 하나님의 뜻에 대적하는 것이라고 말해주거나 비판을 하는 것은 중대한 실수를 저지르는 것이다. 이런 경우엔, 아무리 선한 의도로 행해진 상담이나 충고도 공허하게 들리기가 쉽고, 오히려 그 영적 전쟁의 심각성을 외면하도록 해줄 뿐이다.

이럴 때는 그 반원에게 성중독 치료 모임에 참석하고 있는지 또는 그런 문제의 전문 치료사를 만나고 있는지를 물어보는 것이 훨씬 더 효과적이다. 만약 전문적인 치료를 받고 있지 않다고 한다면, 이런 간단한 질문을 하면 좋을 것이다. "그럼 언제쯤 전문가의 도움을 받으실 계획이신가요? 그리고 지금까지 그렇게 하지 못하신 무슨 특별한 이유라도 있으신가요?"

성적인 갈등이 과거에 경험했던 성적 학대에 대한 수치감과 관련이 있는 것이라면, 남편과 아내 모두 성적 학대에 관해 도움을 주는 정보들이 필요한 상태이다(댄 알렌더의 *The Wounded Heart* 참조). 성적 학대의 문제로 고통을 당하고 있는 부부들은 상담을 통해 개인적으로나 부부 공동으로나 유익을 얻게 될 것이다. 상담은 부부들로 하여금 그러한 장벽을 깨트리고, 수치심으로 괴로워하지 않고도 부부간의 정신적 육체적 친밀함을 회복하고 경험할 수 있도록 도움을 줄 것이다. 다른 반원들 역시 자신 부부들의 경험담을 이야기해주고, 그 부부가 치료를 구하고, 그 과정에 충실할 수 있도록 격려할 수 있다.

어느 한 부부가 자신들의 성적인 갈등을 공개하였을 때, 다른 반원들이 취해야 할 적절한 반응은 그 부부의 용기를 존중해주는 것이며, 그들의 아픔을 들어주고, 그 문제를 하나님께 가지고 나아갈 수 있는 분위기를 조성해주는 것이다. 일단 문제들이 공개가 되고 나면, 남은 것은 가장 섬세하고도 어려운 '수습 동작'들이다.

이 사실을 기억하라. "<u>말하기 힘든 문제들이라도 약간의 수치심만 감수한다면 고백할 수 있다. 그러나 그 사람은 방을 나서는 순간, 수치감이 태풍처럼 몰려오는 것을 느끼게 될 것이다. 다음 번에 그 사람을 만나게 되면, 그 수치심이 관계를 가로막는 장벽이 되어 있을 것이다.</u>"

일단 개인적이고 사적인 문제들이 심도 있게 토론이 되고 난 후에는, 지도자는 그 개인이나 부부나 모임 전체를 위해서 그 수치의 경험을 잘 다독여주어야만 한다. 그렇게 하기 위해서는 다음 번 모임이 있기 전에 그 남편과 아내 모두와 몇 차례의 전화 통화를 하는 것이 필요하다. 가장 좋은 방법은 단도직입적으로 그 수치감의 문제를 다루는 것이다. "양 집사님, 말씀하시기 참 어려운 얘기를 해주셨습니다. 만일 제가 집사님이었다면, 지난주 내내 아마 지옥 같은 시간을 보냈을 겁니다. 집사님의 솔직함과 용기에 정말로 감사드려요. 제가 기도하고 있는 바는 집사님께서 집사님의 수치심을 감추기 위해서 집사님 자신이나 안집사님(아내)이나 우리 모임 반원들에게 거리감을 두지 않으시도록 해달라는 것입니다. 좀 어떠세요? 무조건 괜찮다고만 말씀하지 마시고요······"

그룹이 다시 모이게 되면, 지도자는 그 반원의 고백에 의해 일어났던 일들에 대해 다시 한번 이야기를 하는 것이 좋다. 그리고 또 다른 반원들이 지금껏 다른 사람들에게 감추고 있었던 부부간의 갈등을 자백하기 시작하더라도 놀라지 마라. 위에서 살펴보았던 동일한 단계들을 밟아나가면 될 것이다.

충고하기, 자기 의, 낮춰보기

방지하기 가장 어려운 행동들 중의 하나는 끊임없이 충고하려는 태도이다. 내 자신과 비슷한 어려움을 겪고 있는 다른 사람들에게 충고를 해주고, 제안을 하고, 상담을 해주는 것은 참 그리스도인다워 보이고, 배려심 깊은 행동처럼 보인다. 우리는 '지식의 정글' 속에서 산다. 정보들은 홍수처럼 넘쳐나고, 모든 인간 문제들을 도와주고 해결할 수 있을 것 같은 인생의 스승들 또한 수다하다.

> 우리는 충고할 준비가 되어있는 만큼 관심을 가질 준비가 되어있지 못한 것이다.

우리는 충고할 준비가 되어있는 만큼 진지한 관심을 가질 준비가 되어있지 못한 것이다. 우리는 '문제'의 '문' 자만 들어도 해결책을 제시하려고 달려드는 경향이 있다. 성경은 듣기는 속히 하되, 말하기는 더디 하고, 성내기도 더디 하라고 말씀한다(약 1:19). 이 가르침은 특히나 누군가 우리에게 자신의 문제를 털어놓기 시작할 때, 적용해야 할 중요한 말씀이다. 심지어 그들이 도움을 원하고 있고, 자신들의 아픔을 해결할 수 있는 구체적인 조처들을 요청하는 경우라 할지라도, 그들의 바람에 값싼 충고를 가지고서 대응하는 것은 실수이다.

모임 안에서 듣기는 하되 충고는 하지 않는 것이 모임의 한 규칙이 되어야만 한다. 물론 그렇다고, 참고할 책이나, 전문 치료사나, 도움이 될 만한 단체들을 추천해주는 것조차 안 된다는 뜻은 아니다. 그러나 내 자신이 생각하기에 모든 부부관계에 일어났으면 하는 일들을 이야기하는 식으로 다른 반원들과의 대화를 시작하는 일은 조심해야만 한다. 우리는 새로운 삶의 방식을 만들어가고 있다. 그리고 부부 사이에서 원하는 그 일은 모임 안에서도 그대로 행해져야 한다. 즉, 듣기는 속히 하되 말하기는 더디 하는 삶의 방식이 말이다.

특별히 충고가 파괴적인 경우는 '자기 의'를 자랑하는 듯한 태도가 동반된 충고이다. 그러한 친절은 비위가 상할 정도로 다정하고 진지하지만, 모든 반원들의 몸에 닭살이 돋게 만들 것이다. 모임 안에서 그런 충고자에게 이의를 제기하는 일은 참 어려운 일이다. 그러나 지도자는 충고를 받은 사람에게 이렇게 물을 수 있어야 한다. "우 집사님, 지금 고 집사님으로부터 충고를 받으셨는데, 제가 보기에 고 집사님 얼굴조차 똑바로 못보고 계신 것 같네요. 고 집사님에게 충고를 들으신 기분이 어떠신지 저희들에게 좀 말씀해주실 수 있으시겠어요?"

물론 충고를 들은 반원은 자신의 기분이 상한 사실을 상세하게 표현하지는 않을 것이다. 그러나 지도자는 이렇게 덧붙일 충분한 이유가 있다. "고 집사님, 저도 고 집사님이 우 집사님을 돕고자 하는 좋은 의도를 가지시고 충고를 하셨다고 믿습니다. 고 집사님도 그렇게 확신하실 것이고요. 그러나 제가 만약 우 집사님 입장이었다면, 고 집사님이 저를 열 살짜리 어린아이처럼 대하고 있다고 느꼈을 것 같습니다."

충고자는 방어적인 태도를 취하거나 자신의 행동의 선한 의도와 순수함을 주장할 수도 있을 것이다. 그러나 원치 않는 충고를 받았던 반원의 상처는 지도자의 개입으로 인해 조금은 누그러졌을 것이다. 또한 지도자는 그 시점에서 이렇게 말함으로써 대화를 더 진척시켜갈 수도 있다. "고 집사님, 괜찮으시면, 이번 주중에 저와 함께 만나서 제 마음을 분명하게 전해드리고, 또 집사님께서 우 집사님께 주시려고 했던 충고의 내용을 전부 다 한번 들어볼 기회를 가졌으면 좋겠습니다." 일단 아무 때나 충고하려고 나서는 그런 행동이 모임 내에서 발견될 때는, 개인적인 만남 속에서 그런 문제를 다루는 것이 가장 효과적일 수 있다.

아무도 모임 안에서 무슨 일이 발생할지 알지 못한다. 그러나 거칠고 껄끄럽고 불합리한 일들을 예상하는 것이 지혜이다. 부부 성경공부 그룹의 변화를 위한 위대한 잠재 가능성은 모임 내의 그리고 부부 관계상의 '혼돈'들을 확실한 '질서'로 바꾸어놓을 것이다. 우리에게 요구되어지는 것은 기꺼이 갈등 속으로 뛰어들기보다는 '기도'와 '겸손'과 '열린 마음'의 옷을 입고서 그 복잡한 문제들을 내 힘으로 통제해보려는 태도를 내려놓는 것이다. 하나님의 역사는 사탄의 의지보다 강하시다. 하나님께서 우리가 그분께 보이기를 원하시는 전부는 우리의 무지와 두려움에도 불구하고 그분을 향한 '믿음'이다. 그리고 그 '충성스러움'만이 그분께서 놀라운 변화를 일으키시는데 필요한 모든 것이다.

성경 탐구주제 요약

이 장(章)에서는 *커플 힐링 성경공부 시리즈 교재들*의 내용을 개략적으로 살펴보고자 한다. 이 과정을 통해 당신은 소그룹이나 교회 전체 모임을 대상으로 한 성경공부를 인도하는 일에 지도자로서 좀 더 자신감 넘치는 준비를 할 수 있게 될 것이다.

제1권: 결혼의 목적(The Goal of Marriage)

('제1권', '제2권' ……하는 명칭은 편의상 역자에 의해 붙여진 것임)

하나님께서는 다음과 같이 결혼의 기초석을 마련하셨다. 그분은 아담과 그의 후손들에게 자신의 부모를 <u>떠나</u>, 아내와 <u>연합하여</u>, <u>한 몸을 이루라</u>고 명령하셨다.

탐구주제와 말씀들

제 1 장 남편과 아내 알기 (창세기 1:26-31, 2:7)
제 2 장 남편의 떠나기 (창세기 2장)
제 3 장 아내의 떠나기 (시편 45:10-15)

제 4 장 연합하기 (전도서 4:7-12)
제 5 장 한 몸 되기 (창세기 2:18-25)
제 6 장 사랑의 궁극적 대상 (시편 127편)

요점

> 결혼이란 영광스런 '하나님의 형상을 닮은 존재들' 이자 근본적으로 '자기중심적인 두 죄인들' 간의 결합이다.

1. 부부가 서로를 그리고 결혼제도를 이해하기 위해서는 인간이 어떤 존재인지를 먼저 이해하는 것이 중요하다.
2. 인간은 하나님의 형상을 따라 창조되었기에 창조주 하나님의 영광을 반영하는 존재이다.
3. 인간은 불순종과 거역함으로 하나님과의 관계를 단절시켰고, 결과적으로 인간 서로 간의 관계 또한 파괴시킨 죄인들이다.
4. 따라서 결혼이란 영광스런 '하나님의 형상을 닮은 존재들' 이자 근본적으로 '자기중심적인 두 죄인들' 간의 결합이다.
5. 하나님께서는 인간의 외로움의 문제를 해결하시기 위해 결혼제도를 제정하셨다.
6. 창세기 2:24은 성공적인 결혼을 위한 하나님의 명령을 제시해주고 있다. 그것은 남자가 부모를 떠나(시편 45편은 여자에게 그렇게 할 것을 명령하고 있음), 아내와 연합하여, 서로 한 몸을 이루라는 것이다.
7. 견고한 부부관계를 위한 가장 중요한 토대는 바로 하나님 그분과의 역동적인 사랑의 관계이다.

개요

결혼의 목적(The Goal of Marriage)은 다른 모든 교재들의 기초가 되는 교재이다. 물론 이 교재를 공부하지 않고서 나머지 여섯 권들을 통해서도 유익을 얻을 수 있다. 하지만 확신하건대 이 안내서를 가능한 한 먼저 탐구하게 된다면, 나머지 교재들의 공부가 더욱 더 풍요롭고 효과적이 될 것이다.

이 교재의 첫 번째 장(章)은 창세기 1장과 2장의 천지창조 사건에 기초하여 '남편과 아내로서의 우리의 정체성'에 대해 살펴본다. 특히 남자와 여자 모두 하나님의 형상대로 창조되어진 존재라는 사실에 집중해서 말이다. 최소한, 부부관계에 있어서 가장 중요한 것은 다음의 사실을 아는 것이다. 우리가 하나님의 형상을 따라 지음 받았다는 것은 곧 우리가 그분의 영광을 반영하는 존재들이라는 것이다. 달이 태양 빛을 반영하듯이 말이다. 그리고 이 사실이 부부관계에 미치는 의미는 엄청난 것이다. 제1장을 통해서 성경공부 참가자들은 자신들의 배우자가 하나님의 형상을 지닌 존재라는 사실이 무슨 의미인지에 대해 깊이 묵상하게 될 것이다.

결혼의 목적(The Goal of Marriage)의 제2장부터 제5장까지는 '떠남'과 '연합'과 '한 몸 되기'라는 결혼에 대한 창세기 2:24의 하나님의 정의에 기초를 두고 전개되어진다.

제2장은 결혼을 위해 남자가 자신의 '부모를 떠난다는 것'이 무엇을 뜻하는 것인지에 대해 살펴보게 된다. 그리고 '떠남'이라는 것이 반드시 '거리적이고 공간적인 떠남'이라기보다는 사랑의 '새로운 우선순위의 정립'이라는 사실을 깨닫게 된다. 남자의 제 일차적인 사랑의 우선순위가 자신의 '부모'로부터 새로 맞게 되는 '아내'에게로 옮겨진다는 것이다. 그 경계선이 분명히 그어져야만, '부부'라고 하는 새로운 관계가 상호 신뢰와 확신 속에서 성장하고 성숙해갈 수 있기 때문이다. 그리고 조금만 더 깊이 생각해보아도, 우리는 전환이 이루어져야 할 관계가 단지 '부모'와의 관계뿐만이 아니라 과거의 '다른 사람들'이나 기타 '다른 모든 것들'과의 관계라는 사실을 인식할 수 있게 된다.

제3장에서 토의되는 시편 45편은 신부에게 자신의 과거 사랑의 관계들을 떠나 남편과의 새롭고도 일차적인 연합을 이룰 것을 명령하고 있다. 여성들은 그러한 '과도기'에 남자들이 보통 경험하게 되는 것과는 또 다른 문제들에 직면하게 되는데, 제3장에서는 바

로 그런 문제들을 파헤치게 된다.

　결혼을 통하여 남자와 여자는 단지 자신들의 '본토, 친척, 아비 집'을 떠날 뿐만 아니라 '새로운 관계'를 형성해가야만 한다. 이것은 독립적이었던 두 개의 삶이 하나로 연합되어 엮여지는 것을 포함한다. 제4장은 어렵고 힘든 문제들로 충만한 이 세상 속에서 관계가 주는 유익성에 대해 극찬하고 있는 전도서 4장의 말씀을 살펴보게 된다. 일반적인 인간관계에서 사실인 내용은 가장 친밀하고 절친한 관계인 부부관계에서도 그대로 적용이 된다. 부부간의 연합에 필수적인 '의사소통의 기술'에 관해서는 또 다른 시리즈 교재에서 자세하게 다루고 있기 때문에, 여기서는 두 삶을 하나로 연합시키기 위한 의사소통의 중요성에 대해서만 예습 차원에서 간단히 소개하고 있다.

　제5장에서는 초점이 다시 창세기 2장으로 되돌아온다. 그러나 이번에는 새로운 주제를 다루고 있다. 남편과 아내가 한 몸을 이루는 '부부간의 성'에 관한 내용이다. 이 주제 역시 또 다른 교재에서 좀 더 전문적으로 취급하고 있다.

　제6장의 시편 127편은 마지막 토론을 위한 탐구 말씀이다. 지금까지는 남편과 아내가 자신들의 부부관계를 이 땅 위의 다른 모든 인간관계들보다 더 우선시해야함을 강조해왔다. 그러나 이 장에서는 당연히 최우선시해야 할 부부관계보다도 더 근원적이고 근본적인 관계가 또 하나 있음을 상기시켜주고 있다. 바로 '하나님과의 관계'이다. 남편과 아내의 개인적이면서도 공동적인 '하나님과의 관계'는 '부부관계'가 그것을 기초로 세워져야만 할 '기반암'이라는 사실이다.

추천 자료

　교재 제1권의 탐구주제들은 성경 '창세기'와 '시편' 그리고 '전도서'와 관련이 되어 있다. 이 말씀들을 좀 더 자세하게 연구하기를 원하는 독자들에게 아래의 주해서들을 기쁘게 추천한다.

- Allen, L. C. *Psalms 101-150(시편 101-150편)*. Word 출판사 성경 주해서. Waco시, Texas주: Word 출판사, 1983년.

- Longman, Tremper, III. *Ecclesiastes(전도서)*. New International 구약 성경 주해서. Grand Rapids시, Michigan주: Eerdmans 출판사, 1997년.
- Provan, Iain. Ecclesiastes, *Song of Songs(전도서, 아가서)*. NIV판 주해서. Grand Rapids시, Michigan주: Zondervan 출판사, 2001년.
- VanGemeren, Willem A. "Psalms(시편)". *The Expositor's Bible Commentary*, F. Gaebelin 편집. Grand Rapids시, Michigan주: Zondervan 출판사, 1991년.
- Walton, J. H. *Genesis(창세기)*. NIV판 주해서. Grand Rapids시, Michigan주: Zondervan 출판사, 2001년.
- Wenham, Gordon J. *Genesis 1-15(창세기 1-15장)*, *Genesis 16-50(창세기 16-50장)*. Word 출판사 성경 주해서. Waco시, Texas주: Word 출판사, 1987년, 1994년.
- Wilson, Gerald H. *Psalms 1-75(시편 1-75편)*. NIV판 주해서. Grand Rapids시, Michigan주: Zondervan 출판사, 2003년.

부부들을 위하여

성경공부에 참여하는 부부들 모두 각자의 부부관계에 있어서 그 숫자만큼이나 다양한 역사들을 가지고 있을 것이다. 하지만 제1권 교재의 탐구주제들을 통해서 각각의 부부들은 부부들 간의 관계 이야기들을 서로 서로 나눌 수 있는 놀라운 기회들을 제공받게 될 것이다. 물론 다른 부부들에 대한 신뢰와 확신이 느껴질 때만이 서로 간에 적극적으로 마음의 문을 열게 되겠지만 말이다.

꽤 오랫동안 결혼생활을 해온 부부들조차도 자신의 배우자를 '하나님의 형상을 닮은 존재'로서 바라보아 오지는 않았을 것이다. 하지만 자신과 자신의 배우자가 '죄인'이라는 사실을 인정하도록 하는 일은 그리 어려운 일은 아닐 것이다.

미혼남녀 및 예비부부들을 위하여

미혼남녀 및 예비부부들로 이루어져있거나 그들을 포함하고 있는 소그룹에서는 기혼부부들과는 정반대의 상황이 벌어질 것 같다. 결혼 전에는 결혼을 '외로움' 이나 '육체적인 욕구' 등의 문제에 대한 해결책으로서 환상을 품고 생각하기가 쉽다. 그래서 사랑하는 사람의 단점들이 보이는 경우에조차도, 그것들을 간과해버리거나 쉽게 고칠 수 있을 것이라고 단정해버리는 경향이 있다. 따라서 이러한 상황에서는, 성경공부 반원들에게 결혼이란 '두 죄인' 간의 결합이며, 문제들은 해결되기 보다는 더 증폭되어질 수 있다는 사실을 상기시켜주는 것이 중요하다.

제2권: 연인에서 가족으로(Family Ties)

'결혼' 은 단지 '남편과 아내' 그 이상의 관계들을 내포한다. 무엇이 가족들을 하나로 묶어주는가?

탐구주제와 말씀들

제 1 장 가정의 전통을 세우라 (출애굽기 12:1-16, 마태복음 26:17-30)
제 2 장 가족의 역사를 말하라 (신명기 6:20-25, 시편 78:1-8)
제 3 장 과거로부터 자유하라 (사무엘하 12:1-15, 빌립보서 3:12-14)
제 4 장 자녀들을 비교하지 말라 (창세기 37:2-8)
제 5 장 율법주의를 경계하라 (골로새서 2:14-23)
제 6 장 영적 유산을 건설하라 (잠언서의 말씀들)

요점

'결혼' 은 단지 '남편과 아내' 그 이상의 관계들을 내포한다.

1. 가정의 전통은 가족 구성원들이 과거의 기억할만한 사건이나 특별한 상황들을 정기적으로 기념하는 일들을 포함한다.
2. 기독교 신앙은 과거 역사적인 사건들에 기초를 두고 있다. 특별히 예수 그리스도의 죽음과 부활 사건에 말이다. 그런 의미에서, 기독교는 '전통에 기초한' 종교라 할 수 있다.
3. 그러나 전통이란 마음으로부터 우러나오는 감격이 없이 지켜질 때, 그것은 이미 죽은 것이다.
4. 전통은 가족 간의 유대를 형성하는 일에 유익을 준다.
5. 가족의 유대관계를 장려하는 모든 전통들이 특별한 영적 의미를 띠고 있는 것은 아닐 수 있다. 예를 들면, '생일'이나 '연말 송년회' 같은 것들이다.
6. 부부들은 어떤 전통들을 가정의 중요한 전통들로 결정할 것인지를 상의해볼 필요가 있다.
7. 특히 신혼부부들은 자신의 부모들의 전통에 어떻게 반응해야 할 것인지를 또한 결정해야만 한다.
8. 우리는 자신의 과거 이야기들을 배우자와 함께 나눔으로써 우리의 믿음과 우리 자신을 배우자에게 알릴 수 있다.
9. 친밀한 부부관계는 서로의 이야기들을 기꺼이 나누는 일로부터 시작될 수 있다.
10. 모든 과거사들이 고무적인 것만은 아니다. 많은 사람들이 과거 성장기에 가정 안에서 상처들을 경험하며 자랐기 때문이다.
11. 죄에는 반드시 결과가 따른다. 그리고 특히 가정 내의 죄들은 흔히 수세대를 이어 그 영향력을 과시하기도 한다.
12. 과거의 상처들에 대해서는 부부가 서로 마음을 열고 그 문제를 대하는 것이 중요하다.
13. 형제간이나 부모 자식 간의 갈등구조는 주의 깊게 살펴보고 통제하지 않는 이상, 큰 상처의 근원지가 될 수 있다.
14. 율법주의란 하나님 그분께서 만드신 법 이상의 법들을 만들어내는 행위이다.
15. 율법주의는 영적이고 관계적인 성장을 질식사시킨다.

16. 부부는 자신의 자손들에게 영적인 유산을 남겨주게 된다. 그리고 그 유산은 상처를 주는 것일 수도 있고, 혹은 유익을 주는 것일 수도 있다.

개요

무엇이 가족의 유대관계를 공고히 해주는가? 이 질문에 교재 제2권은 제1장에서 '가정의 전통들'에 대해 살펴봄으로써 그 대답을 시작하고 있다. 기독교는 역사적인 사건들 속에서 세워진 신앙이다. 특히 예수 그리스도의 죽음과 부활을 기념하는 '성찬식'과 같은 전통은 기독교적 핵심 사건들을 끊임없이 우리에게 기억나게 해준다. 물론 이런 예는 교회 공동체 단위의 전통이지만, 가정들 또한 '매일 성경 읽기'나 '함께 기도하기' 등과 같은 영적인 전통들과, 종교적이지는 않지만 가족 구성원들을 하나로 묶어줄 수 있는 일반적인 전통들을 확립해갈 수 있다. 일반적 전통의 한 예로는 어떤 특정한 방식으로 특정한 시기에 온 가족들이 함께 모여 크리스마스트리를 장식하는 일 등을 뽑을 수 있다. 신혼부부들은 자신들이 막 떠나온 본 가정들의 전통에 어떻게 부부가 함께 관계를 맺어야 할 것인지를 협의해야만 할 것이다. 예를 들어, 크리스마스를 시댁 식구들과 보낼 것인가 아니면 처댁 식구들과 보낼 것인가, 혹은 부부끼리만 보낼 것인가 하는 문제들이다. 물론 이러한 문제들에는 옳거나 그른 답이 정해져있지 않다. 지혜를 따라 결정하면 될 것이다. 단지 부부간의 분란의 씨앗이 될 수 있기 때문에 극도의 민감함이 요구되어질 뿐이다.

제2장은 부부간의 그리고 가족들 간의 유대관계는 서로의 그리고 가정의 과거사를 말하고 듣는 과정을 통해서 더욱 견고해질 수 있다는 사실에 초점을 맞춘다. 성경은 이 세상에 대한 전체적인 묘사를 해주고 있고, 우리는 그 이야기 속에서 우리 자신의 자리를 찾아내야만 한다. 그러나 우리의 삶 또한 특히 우리의 남편이나 아내에게 말해줄 만한 이야기를 가지고 있다. 그리고 우리 자신의 이야기를 서로 들려주고 듣는 중에 우리는 우리 자신이 누구인지를 알리게 되고 또 우리의 배우자가 어떤 사람인지를 알아가게 된다. 물론 우리의 이야기는 과거에 우리에게 어떤 엄청난 사건이 있었는지를 진술하는 '믿음의 이야기'이다. 그리고 그것은 현재 우리의 '사랑의 이야기'이며, 미래에 대한 우리의 영

광을 선포하는 '소망의 이야기' 이다.

하지만 모든 가족 이야기들이 항상 긍정적이고 용기를 주는 것은 아니다. 그래서 제3장에서는 가정 내의 상처들에 대해서 살펴본다. 고통스런 가정의 기억들은 무시되어질 수 있는 것이 아니다. 왜냐하면, 그 과거의 기억들은 흔히 미래에 영향을 미치기 때문이다. 돈독한 부부관계는 남편과 아내가 서로의 아픈 과거를 공감하고 껴안아줄 수 있는 안전지대가 되어줄 것이다.

제4장은 부부들의 또 다른 잠재적 갈등 영역인 자녀들과 관련된 내용이다. 자녀들은 가장 큰 기쁨과 동시에 가장 쓰라린 아픔을 가져다줄 수 있다. 흔히 부부들은 자녀 양육에 있어서 서로 다른 철학을 가지고 있다. 따라서 자녀와 관련된 일들이 잘못되어갈 경우, 상대 배우자의 다른 양육방식을 탓하기가 쉽다. 또한 부부들은 자녀들을 대함에 있어서 미묘한 형태의 '편애' 에 빠지기 쉬우며, 자녀와의 관계를 원만치 못한 부부간의 관계에 대한 보상이나 혹은 더 나은 부부관계를 이끌어내기 위한 일종의 '질투 유발제' 로 사용하려는 유혹에 노출되기 쉽다. 이 장에서는 요셉과 그의 형제들과 부모와의 관계 이야기를 통해서 이러한 문제들을 분석해본다.

제5장은 하나님께서 당신의 백성들이 따라 살아야 할 일정한 행동 규범을 세워놓고 계심을 이야기한다. 우리의 구원이 우리의 '행위' 가 아니라 하나님의 '은혜' 로 말미암은 것은 분명한 사실이지만, 그것이 우리가 제멋대로 살아도 좋다는 의미는 아니다. 그러나 우리는 또 성경에도 없는 법들을 추가적으로 만들어내는 경향이 있다. 그리고 그러한 율법주의는 하나님과의 관계와 우리 배우자와의 관계를 마비시켜버릴 수가 있다. 이 장은 그러한 해악한 우리의 습성을 우리가 인식하고 경계할 수 있도록 도움을 줄 것이다.

마지막 제6장은 결혼이 먼 후세대에까지도 영향력을 끼칠 수 있다는 사실을 언급하고 있다. 대부분의 모든 부부들은 자녀들을 낳아 양육하게 되는데, 부부들이 어떻게 결혼생활을 해나가느냐 하는 것은 그들의 자녀들에게 엄청난 파급 효과를 미친다. 이 장에서는 부부들이 다음 세대들에게 하나님 경외의 모본을 보여주도록 격려하고 권면하는 잠언서의 여러 말씀들을 탐구하게 될 것이다.

> 우리의 이야기는 과거에 우리에게 어떤 엄청난 사건이 있었는지를 진술하는 '믿음의 이야기' 이다. 그리고 그것은 현재 우리의 '사랑의 이야기' 이며, 미래에 대한 우리의 영광을 선포하는 '소망의 이야기' 이다.

추천 자료

교재 제2권의 주제들은 '창세기', '출애굽기', '신명기', '사무엘하', '시편', '잠언', '마태복음', '빌립보서' 그리고 '골로새서' 와 관련을 맺고 있다. '창세기' 와 '시편' 의 주해서들은 제1권 교재 편에 소개되어있다. '창세기' 와 '시편' 을 제외한 이상의 다른 말씀들을 더 깊이 연구하기를 원하는 독자들은 다음의 주해서들을 참고하기 바란다.

- Arnold, B. T. *1 and 2 Samuel*(사무엘상,하). NIV판 주해서. Grand Rapids시, Michigan주: Zondervan 출판사, 2003년.
- Enns, Peter. *Exodus*(출애굽기). NIV판 주해서. Grand Rapids시, Michigan주: Zondervan 출판사, 2000년.
- Garland, D. E. *Colossians/Philemon*(골로새서/빌레몬서). NIV판 주해서. Grand Rapids시, Michigan주: Zondervan 출판사, 1998년.
- Wilkins, Michael J. *Matthew*(마태복음). NIV판 주해서. Grand Rapids시, Michigan주: Zondervan 출판사, 2004년.
- Wright, Christopher J. H. *Deuteronomy*(신명기). New International 성경 주해서. Peabody시, Massachusetts주: Hendrickson 출판사, 1996년.

부부들을 위하여

특히 젊은 부부들은 자신들의 부모형제가 있는 '본 가정' 과 배우자와 자녀들이 있는 '새 가정' 사이에서 어떻게 관계를 맺고 살아가야하는지에 대해 고심하기 쉽다. '가정의 전통' 과 '가정의 역사' 그리고 '가정 내의 상처' 와 '율법주의의 위험성' 등에 대해 다루고 있는 이 제2권 교재는 그런 과도기적 과정 중에 있는 부부들에게 도움이 될 것이다.

미혼남녀 및 예비부부들을 위하여

물론 결혼한 부부들과 마찬가지로 미혼자들도 가정에 속해있다. 모든 사람들이 어느 시점이 되면, 가족들 간의 유대에 대해 생각을 해야만 한다. 이 교재는 미혼남녀들에게도 자신들의 가족 유대관계에 관해 숙고해보고, 결혼을 결심할 경우 그 결혼이 어떤 모습이 될 것인지를 미리 탐색해볼 수 있도록 도움을 제공할 것이다.

제3권: 의사소통(Communication)

남편과 아내 사이의 지혜로운 말은 부부관계를 건설해주지만, 어리석은 말은 관계를 파괴해버리고 만다.

탐구주제와 말씀들

제 1 장 말의 힘 (창세기 1:1-8, 잠언서의 말씀들)
제 2 장 관계를 허무는 말 (잠언서의 말씀들)
제 3 장 관계를 세우는 말 (잠언서의 말씀들)
제 4 장 잠잠할 때와 말할 때 (전도서 3:1-7, 잠언서의 말씀들)
제 5 장 듣기와 생각의 기술 (잠언서의 말씀들)
제 6 장 부부여 함께 기도하라 (고린도전서 7:3-6, 로마서 8:22-23, 26-27)

요점

> 대화는 두 사람의 삶을 하나로 엮어주는 천국의 도구이다.

1. 말은 강력한 무기이다. 그것은 관계를 창조하고 세워주기도 하지만, 반대로 허물어버리기도 한다.
2. 말은 자기 자신을 알리는 통로이자 다른 사람을 아는 수단이다.
3. '대화'는 두 사람의 삶을 하나로 엮어주는 천국의 도구이다.
4. 특히 경멸의 말은 부부관계를 좀먹는 부식제이다.
5. '언제' 말하느냐 하는 것은 '무엇을' 말하느냐 만큼이나 중요한 문제이다.
6. 잠언서는 지혜롭게 말하는 법과 어리석은 말을 피하는 법을 배울 수 있는 아주 유용한 말씀이다.
7. 지혜로운 말은 상대방을 세워준다.
8. 지혜의 말은 언제나 선의를 그 바탕에 깔고 있지만, 때론 그 말을 듣는 사람이 수용하기 어려워할 수 있는 건설적인 비판을 포함하고 있는 경우도 있다.
9. 일반적으로, 남자는 여자보다 말수가 적다. 불필요한 갈등을 피하기 위해서는, 부부가 서로의 언어 사용 방식에 대해 인지하고 있을 필요가 있다.
10. 듣는 기술을 계발하는 일이 중요하다.
11. 경청은 단순한 듣기 이상이다. 그것은 들은 대로 행동하는 것이다.
12. 함께 기도하는 부부는 부부관계의 기초를 든든히 유지함으로써 자신들의 관계를 더욱 공고히 하고 있는 것이다.

개요

"막대기와 돌멩이가 나의 몸을 상하게 할 순 있어도, 말이 결코 나를 다치게 할 순 없어요."

"그건 그냥 하는 소리야."

"말은 쉽지."

우리가 흔히 듣고 쓰는 위의 표현들은 '말이란 아무 것도 아니다' 라는 암시를 내포하고 있다. 물론 상황에 따라서는 위의 말들이 사실일 수도 있다. 그러나 말이 아무 것도 아니라는 생각은 절대적으로 틀린 생각이다. 말은 사람과 사람 사이를 연결해주는 도구이다. 말은 인간관계에서 자신을 알리고 드러내는 수단이다. 우리는 말로 이루어진 대화를 통하여, 우리 자신을 나누며 다른 사람에 대해 배우게 된다. 모든 종류의 인간관계에 있어서 '좋은 말' 보다 더 중요한 것은 없을 것이다. 말은 남편과 아내의 두 삶을 하나로 강력하게 연합시켜주는 과정에서 특별히 중요한 역할을 한다.

제1장은 '말의 힘' 에 대해 언급하고 있는 성경 본문들을 살펴본다. 특히 그 능력은 하나님의 말씀 속에서 발견되어진다. 하나님은 그 말씀의 권능으로 창조하시기도 하시며 파멸시키기도 하신다. 물론 인간은 하나님과 동일한 정도의 말의 능력을 가지고 있지 못하다. 그러나 하나님의 형상대로 지음 받은 우리이기에 우리의 말에도 힘이 있다. 그것은 다른 사람과의 관계를 세우기도하고 허물기도 할 수 있다.

제2장에서는 '어리석은 말' 에 대해 잠언서가 가르치고 있는 바를 좀 더 상세하게 살펴보게 된다. 어리석은 말은 부부의 유대관계를 약화시킨다. 특히나 경멸적인 언사는 파괴적이다. 그리고 모든 말에는 적절한 때가 있다. 당신의 배우자가 당신이 하는 말을 어떻게 듣고 있는지에 주의를 기울이는 일은 아주 중요하다.

제3장은 말에 관한 잠언서의 가르침 중 또 다른 면인 '지혜로운 말' 에 대해 고찰한다. 지혜로운 말은 흔히 선하고, 친절하며, 용기를 북돋아 주는 말이다. 그러나 지혜의 말도 비판을 담고 있을 수 있다. 결국 다른 사람들에게 고통과 상처를 주는 잘못된 행동을 계속 반복하도록 내버려두는 것은 결코 선하거나 친절한 것이 아니기 때문이다. 지혜로운 사람은 교만하게 말하지 않으며, 또한 교만이 비판을 수용하는 자신의 능력을 저지하도록 허락하지도 않는다.

제4장에서는 '말의 타이밍' 에 관한 문제를 좀 더 구체적으로 다루고 있다. 이 장에는

여성들이 남자들보다 보통 말하기를 즐겨한다는 사실도 언급한다. 물론 이것은 단순한 고정관념이 아니다. 언어 사용면에 있어서 서로 다른 남성과 여성의 구조가 실험적으로도 증명이 되었다. 따라서 이 차이를 조정해가는 것이 부부관계에 있어서 한 가지 중요한 과제가 된다. 또한 부부간의 'DMZ(무인無人지대)'에 관한 설명도 나온다. 'DMZ'란 결국 싸움으로 이어질 것을 경험상 알고 있기 때문에, 부부들이 대화의 주제로 삼기를 회피하는 문제들이자 삶의 영역들이다.

제1장에서 제4장까지가 '말하기'에 초점을 맞춰왔다면, 제5장은 '듣기의 중요성'에 대해 숙고하는 장이다. 특히, 제5장은 비판에 귀 기울이는 지혜와, 교만이 그 일을 방해하지 못하도록 하는 법에 대해 탐구한다.

마지막으로, 제6장은 견실한 부부관계는 '하나님과의 관계'에 그 기초를 두고 있다는 사실을 우리에게 다시 한번 상기시켜준다. 남편과 아내는 "쉬지 말고" 하나님과 대화해야만 한다. 각자 그리고 부부가 함께 말이다.

추천 자료

교재 제3권의 탐구주제들은 '창세기'와 '잠언', '전도서', '로마서' 그리고 '고린도전서'와 관련이 있다. 이 말씀들을 더 깊이 연구하기를 원하는 독자들은 다음의 주해서들을 참고하길 바란다.

- Blomberg, Craig. *1 Corinthians(고린도전서)*. NIV판 주해서. Grand Rapids시, Michigan주: Zondervan 출판사, 1994년.
- Koptak, P. *Proverbs(잠언)*. NIV판 주해서. Grand Rapids시, Michigan주: Zondervan 출판사, 2003년.
- Longman, Tremper, Ⅲ. *Proverbs(잠언)*. Grand Rapids시, Michigan주: Baker 출판사, 2006년.
- Moo, Douglas J. *Romans(로마서)*. NIV판 주해서. Grand Rapids시, Michigan주: Zondervan 출판사, 2000년.

부부들을 위하여

제3권의 탐구주제들은 부부들로 하여금 자신들의 의사소통 유형을 점검하고, 어떻게 의사소통의 기술을 개선할 수 있을지에 대해 생각해보도록 할 것이다. 결혼하고 시간이 지남에 따라 대부분의 부부들은 일종의 매너리즘에 빠지게 되고, 소위 'DMZ' 라고 불리는 다루기에 너무 위험한 문제들이나 주제들에 대해서는 대화를 회피하는 일이 발생하게 된다. 그러나 골치 아픈 문젯거리에 대한 대화를 피하는 일은 건강하지 못하다. 이 교재에는 부부관계에 적용할 수 있는 좋은 대화의 원칙들이 잠언서 성경과 다른 말씀들로부터 소개되고 있다.

미혼남녀 및 예비부부들을 위하여

무엇보다도, 결혼 전에 건강한 의사소통의 통로를 확보해두는 일이 중요하다. 더욱이 '듣기' 와 '말하기' 기술들은 모든 종류의 인간관계에 적용 가능한 것이다.

제4권: 남자와 여자(Male and Female)

남자와 여자는 하나님의 형상을 따라 동등하게 창조되어진 존재이면서도 동시에 놀라운 방식으로 서로 다른 존재들이다.

탐구주제와 말씀들

제 1 장 남자와 여자 (창세기 3:16-19)
제 2 장 누가 머리인가 (갈라디아서 3:26-4:7)
제 3 장 불쾌한 두 글자 단어: "복종" (에베소서 5:21-33, 빌립보서 2:3-4)
제 4 장 경건한 아내 (잠언 31:10-31)
제 5 장 경건한 남편 (시편 112편)

제 6 장 하나님의 영광을 함께 드러내라 (여호수아 5:13-15, 시편 131편)

요점

> '복종' 이란 상대방을 내 자신의 모든 '우선순위' 앞에 두는 것이다.

1. 남자와 여자는 하나님 앞에서 동등하면서도 서로 다른 존재이다.
2. 대체로 여성은 자신의 의미를 '관계' 속에서 찾는 반면, 남성은 '일' 속에서 찾는다.
3. 하지만 이것은 여성이 '일' 을 하지 않거나 '일' 속에서 기쁨을 발견하지 못한다는 의미는 아니다. 남성이 '관계' 속에서는 만족을 찾지 못한다는 의미가 아닌 것처럼 말이다. 이것은 정도의 차이지, 종류의 차이는 아닌 것이다.
4. 여성과 남성은 하나님 앞에서 대등하게 창조되었다.
5. 남편과 아내는 '상호 복종' 의 관계 안에서 살도록 되어있다.
6. 상대에게 '복종' 한다는 것은 단순히 그 상대가 말하는 대로 행동하거나, 그 사람의 종이 된다는 의미는 아니다.
7. '복종' 이란 상대방을 내 자신의 모든 '우선순위' 앞에 두는 것이다.
8. '경건한 아내' , '경건한 남편' 의 핵심은 '하나님 경외' 이다.
9. 남성과 여성, 남편과 아내 모두 하나님의 영광을 반영하는 존재들이다.

개요

남성과 여성의 차이 문제는 수많은 잠재적 위험성들을 내포하고 있다. 따라서 성경은 남녀 성별 간의 특정 역할을 구분해놓고 있지 않다는 사실을 처음부터 인식하는 것이 중요하다. 그러나 그럼에도 불구하고 남성과 여성 사이에는 해부학적인 차이 이상의 차이점들이 존재한다.

제4권 교재의 제1장에서는 아담과 하와의 타락 이후 그들에게 내려진 하나님의 징벌 내용을 살펴봄으로써 남자와 여자의 차이 문제에 접근을 시도한다. 하나님에 의해 아담은 '일'의 영역에서, 그리고 하와는 '관계'의 영역에서 징계를 받았다는 사실은 남녀의 차이점에 대해 시사하는 바가 크다. 물론 이것은 남자는 '관계'에는 관심이 없다거나, 여자는 '일'에 관심을 보이지 않는다는 의미는 아니다. 그러나 그런 남성과 여성의 핵심적인 차이는 모든 문화권 속에서 발견되어지는 것이다. 존 그레이(John Gray)의 화성에서 온 남자, 금성에서 온 여자(Men Are from Mars, Women Are from Venus, 1992년)와 같은 책이 선풍적인 인기를 끌었던 이유도 그것이 문제의 정곡을 찔렀기 때문이다. 사회심리학자 캐롤 길리건(Carol Gilligan)은 자신의 저서 다른 목소리로(In a Different Voice: Psychological Theory and Women's Development, 1993년)에서 남녀 성별의 차이점들을 집중 조명하였다.

제2장과 제3장은 논쟁의 여지가 많은 주제들을 다루게 된다. 그리스도인들도 이 문제들에 대해 극단적인 불일치를 보이기도 한다. 각 장에 소개된 갈라디아서 3장과 에베소서 5장의 말씀은 이러한 문제들을 다루고 있다. 그리고 이 말씀들은 다음과 같이 가장 잘 요약될 수 있다. 남자와 여자는 동등하며, 부부관계에 있어서 남편과 아내는 각각 자신의 '의사일정'보다 상대 배우자의 '의사일정'을 우선시 해야만 한다는 사실이다. 그런데 자기 자신의 '의사일정'보다 배우자의 '의사일정'을 먼저 생각한다는 말이 정확히 무엇을 의미하는지가 언제나 명확한 것은 아니다. 따라서 제2장과 제3장은 부부관계 속에서 '상호 복종'의 모습은 어떠해야만 하는 것인지에 대해 부부들이 서로 논의하는 일을 돕게 될 것이다.

다음 장인 제4장과 제5장에서는 '경건한 아내'와 '경건한 남편'이 된다는 것의 의미를 기술해주고 있는 잠언 31장과 시편 112편의 말씀을 각각 묵상하게 될 것이다. 이 둘 간에는 많은 공통적인 특성들이 존재한다. 특히 '하나님 경외'의 특성은 그들의 기본적인 특징이다.

마지막으로 제6장은 여성과 남성 모두 하나님의 영광을 반영하는 존재임을 보여준다. 결국 남녀 모두 하나님의 형상대로 창조되었기 때문이다. 그리고 이것은 왜 성경이 하나님을 묘사함에 있어서 '왕'이나 '용사'와 같은 '남성의 이미지'와 '어머니'와 같은 '여성의 이미지' 모두를 사용하고 있는지에 대한 설명이 된다. '남성'이나 '여성' 중 그 어느 한쪽이 하나님을 더 많이 닮았다는 것이 아니라는 뜻이다.

추천 자료

제4권 교재의 주제들은 '창세기'와 '여호수아', '시편', '잠언', '갈라디아서', '에베소서', '빌리보서'와 관련이 있다. '여호수아'와 '갈라디아서'를 제외한 나머지 주해서들은 앞 편에 소개가 되어있다. 이 말씀들을 더 탐구하기 원하는 독자들은 다음의 주해서들을 참고하기 바란다.

- Howard, David M. *Joshua(여호수아)*. New American 주해서. Nashville: Broadman & Holman 출판사, 1998년.
- McKnight, Scot. *Galatians(갈라디아서)*. NIV판 주해서. Grand Rapids시, Michigan주: Zondervan 출판사, 1995년.

부부를 위하여

부부들은 남자와 여자의 '차이성' 뿐만 아니라 '동등성' 또한 인식하고 있어야 한다. 이 두 가지를 함께 이해하고 있어야 서로가 서로를 더 잘 알고 배려할 수 있게 될 것이기 때문이다. 여성과 남성이 모두 하나님의 형상대로 지음을 받았다는 사실은 우리가 날마다 하나님에 대하여 알아갈 수 있다는 것을 의미하기도 한다. 하나님의 성품이 어떻게 우리의 배우자 안에 나타나 있는가를 주목하여 봄으로써 말이다.

> 여성과 남성이 모두 하나님의 형상대로 지음을 받았다는 사실은 하나님의 품성이 어떻게 우리의 배우자 안에 나타나 있는가를 주목하여 봄으로써 우리가 하나님에 대하여 알아갈 수 있다는 것을 의미하기도 한다.

미혼남녀 및 예비부부를 위하여

아직 결혼을 하지 않았다고 해도, 남자와 여자 간에 차이점이 존재한다는 사실은 알 수가 있다. 그리고 실제로 이 교재를 공부해가는 동안, 미혼남녀들과 예비부부들은 결혼에 대한 준비가 될 것이고, 남성은 여성을 그리고 여성은 남성을 좀 더 잘 이해하는 일에 도움을 얻을 수 있을 것이다.

제5권: 용서(Forgiveness)

결혼은 '두 죄인' 간의 친밀한 연합이다. 따라서 그것은 화해와 더 한층 강화된 사랑을 싹트게 하는 '회개' 와 '용서' 의 훈련장이 된다.

탐구주제와 말씀들
제 1 장 하나님이 짝지어 주신 것을 (창세기 3:1-7)
제 2 장 죄가 갈라놓다 (로마서 7:7-25)
제 3 장 실패를 마주 대하라 (시편 51편)
제 4 장 은혜를 헛되이 받지 말라 (누가복음 17:1-4)
제 5 장 '들보' 와 '티' (마태복음 7:1-6, 18:21-35)
제 6 장 용서의 기쁨 (누가복음 15:11-32)

요점

> 죄의 핵심은 '자기중심적인 사고관' 이다.

1. 죄는 관계를 갈라놓는다.
2. 결혼은 두 죄인들 간의 친밀한 연합관계이다.
3. 화해를 위한 첫걸음은 나의 죄가 사랑하는 이에게 상처를 주었다는 사실을 인정하는 것이다.
4. 결혼은 두 죄인들 간의 결합이기 때문에 '회개' 와 '용서' 의 수련장이 되어야 한다.
5. 사랑은 남편과 아내가 자신의 실수와 실패를 인식할 수 있도록 서로 돕는 것이다.
6. 비판은 '겸손' 의 기초 위에서만 행해져야 하며, '자기 의' 에 기초하여서는 안 된다.
7. 용서는 회개하는 자에게 기꺼이 베풀어져야 한다.
8. 용서가 진정한 화해를 위한 것이라면, 회개 또한 진실한 것이 되어야만 한다.
9. 해결하지 않고 방치해둔 갈등은 부부사이를 멀어지게 한다.
10. '회개' 와 '용서' 를 통해 '화해' 로 승화된 갈등은 부부간의 사랑을 더욱 굳게 한다.

개요

건강한 관계에 있는 모든 부부들도 갈등을 겪는다. 오직 피상적인 관계를 맺고 있는 부부들만이 갈등이 없다. 따라서 중요한 것은 갈등을 피하는 것이 아니라, 갈등이 발생할 때 서로 간의 차이를 어떻게 극복하느냐 하는 것이다. 이런 의미에서, 제5권 교재는 갈등을 다루는 성경적인 전략을 제시하고 있다. 그것은 먼저 '죄를 인식하고 인정하는 것' 이다. 그 다음엔 '용서를 구하는 것' 이며, '용서를 행하거나 받아들이는 것' 이다. 그리고 마침내 '화해하는 것' 이다.

제1장은 아담과 하와의 불순종으로부터 시작된 죄의 기원에 대해 살펴본다. 여기서 우리는 죄의 핵심이 '자기중심주의적인 사고관' 임을 깨닫게 된다. 그것은 자기 자신을 우주에서 가장 중요한 존재로 여기는 것이다. 그리고 물론 그러한 교만은 모든 관계에 치명적이다. 건강한 관계란 서로가 서로를 존중과 존경으로 대하는 관계이다.

제2장에서는 계속해서 죄가 부부들을 포함하여 사람들 사이를 어떻게 갈라놓는지를 보게 될 것이다. 로마서 7장은 죄는 사람들 사이를 서로 분리시켜놓을 뿐만 아니라 사람들 속에 내적 갈등을 불러일으키는 주범임을 가르쳐준다.

제3장은 밧세바와의 범죄를 지적당한 후 다윗이 회개하며 고백했던 시편 51편을 살펴본다. 그가 취한 첫 번째 단계는 자신의 실패를 인정하고, 그 죄로부터 하나님께로 돌아서는 것이었다. 흔히 자신의 죄를 자각하는 것은 다른 사람의 질책으로부터 비롯되기도 한다.

제4장에서는 은혜란 결코 값싸게 주어지는 것이 아님이 강조되고 있다. 우리는 물론 용서할 마음의 준비를 갖추고 있어야 하지만, 자동적으로 용서가 행해지는 것은 아니다. '용서' 라는 은혜는 '진실한 회개' 뒤에 주어질 수 있는 것이다.

제5장은 '들보' 와 '티' 에 관한 예수님의 가르침을 깊이 묵상하게 한다. 그리고 상처를 입은 사람이 상대 배우자에게 '자기 의' 가 아닌 '겸손' 으로 질책하는 일이 얼마나 중요한 것인가를 알게 해준다. 그리고 그렇게 할 때, 상대 배우자는 훨씬 더 쉽게 질책에 귀를 기울이고 반응할 것이다. 방어적인 자세를 취하는 대신에 말이다.

제6장에는 소위 '탕자의 비유' 가 소개되고 있다. 이 장에서 우리는 '큰 기쁨' 으로 이끄는 '화해' 의 역사를 보게 된다. 용서를 받게 될 때, 용서받은 사람은 용서를 베푼 사람에 대해 더 큰 감사와 사랑의 마음을 가지게 된다.

추천 자료

제5권 교재의 주제들은 '창세기' 와 '시편', '마태복음', '누가복음' 그리고 '로마서' 와 관련이 있다. 누가복음을 제외한 다른 주해서들은 이미 앞에 수록이 되어있다. 누가복음을 좀 더 자세히 연구하기를 원하는 독자들을 위해 다음의 자료를 기쁘게 추천한다.

- Bock, Darrell L. *Luke(누가복음)*. NIV판 주해서. Grand Rapids시, Michigan주: Zondervan 출판사, 1996년.

부부들을 위하여

가까운 부부사이에도 갈등이 존재한다는 사실을 깨닫기까지는 결혼 후 그리 오랜 시간이 걸리지 않는다. '죄인' 들로서의 남편과 아내는 흔한 경우, 상대의 유익보다는 자기 자신의 이익을 구하게 된다. 갈등을 피하며 사는 관계란 오직 피상적인 관계들뿐이다. 이 교재는 부부들로 하여금 자신들이 자신들의 갈등을 성경적인 방식으로 다루고 있는지를 되돌아볼 수 있게 한다. 그리고 또한 결혼은 '회개와 용서의 산실'이라는 사실을 지적해준다. 이것은 좋은 소식이기도 하다. 왜냐하면, 용서를 많이 받은 자가 많이 사랑하기 때문이다.

미혼남녀 및 예비부부들을 위하여

많은 미혼남녀들이 환상에 가까운 결혼관을 가지고 있다. 그들은 외로움을 느끼다보니, 결혼만 하면 모든 외로움의 문제들이 단번에 해결될 것이라고 생각을 한다. 동시에 또 다른 미혼자들은 결혼을 두려워하기도 한다. 자신들의 부모를 통해서 본 부부관계의 갈등들 때문이다. 하지만 어떤 경우이건, 미혼남녀들이나 예비부부들은 결혼이라는 것이 두 죄인들 간의 결합이라는 사실을 분명하게 인식하는 일이 매우 중요하다. 그들은 부부간의 문제점들을 성경적인 방식으로 다루는 일에 있어서 미리 준비해둘 필요가 있다.

제6권: 결혼과 성(Sexual Intimacy)

여러 장애요소들에도 불구하고, 남편과 아내는 기쁨을 주고받는 행위 속에서 하나님의 선물인 서로의 몸을 탐구하고 즐거워할 수 있도록 격려되어져야 한다.

탐구주제와 말씀들

제 1 장 열망하고 환회하라 (아가서 6:13-7:13)
제 2 장 육체를 부끄러워 말라 (아가서 4:1-5:1, 10-16)
제 3 장 열정적으로 사랑하라 (아가서 1:2-4, 7-17)
제 4 장 모욕감과 수치심을 떨쳐버리라 (창세기 2:25-3:17, 사무엘하 6:14-16, 20-23)

제 5 장 깨어진 신뢰심을 회복하라 (시편 55편)
제 6 장 실패한 사랑을 재건하라 (아가서 5:2-6:3)

요점

1. 성은 그분의 피조물들에게 주신 하나님의 선하신 선물이다.
2. 성경 아가서는 그리스도인들이 성의 기쁨에 대한 하나님의 마음을 이해할 수 있도록 도움을 주는 중요한 출처이다.
3. 성은 오직 '부부 전용'이며, 결혼제도 안에서만 마음껏 누려져야 하는 것이다.
4. 성의 즐거움은 쾌감의 절정 그 이상을 포함한다. 그것은 절정을 향해가는 과정에서부터 시작되는 것이다.
5. 건강한 성을 싫어하는 사탄은 부부간의 육체적인 기쁨을 훼방하기 위한 모든 수단을 총동원할 것이다.
6. 성의 기쁨을 파괴하기 위해 사탄이 주로 사용하는 무기는 부부사이를 분열시키는 '경멸감'과 '수치심' 그리고 '두려움'이라는 감정들이다.
7. 성경은 분명히 '하나님과의 관계'가 '외적인 아름다움'보다 더 중요하다는 사실을 선포하고 있는 동시에(잠 31:30), 아가서는 남편이나 아내가 자신의 배우자를 위하여 '외적인 아름다움이나 매력'을 추구하고 가꾸는 행위 또한 합당한 일임을 상기시켜준다.
8. 아가서는 부부가 만족스런 육체적 결합을 위해 어떻게 서로에게 사랑의 언어를 구사해야하는지에 대한 좋은 예를 제공한다.
9. '아름다움'이란 '육체적인 특성' 그 이상이다. 그것은 '인격'과 '성품'을 포함한다.

개요

하나님께서는 당신의 자녀들이 결혼제도 안에서 성을 즐기고 누리는 일을 기뻐하신다.

하나님께서는 남자에게 자신의 부모를 떠나, 아내와 연합한 새로운 삶을 엮어가며, 둘이 육체적인 친밀함을 이룰 것을 명령하셨다(창 2:24). 제6권 교재는 바로 이 부부간의 육체적 친밀함의 행위에 대하여 탐구해갈 것이다.

성경 66권 속에 '아가서'가 포함되어있다는 사실은 하나님께서 당신의 자녀들이 결혼제도 안에서 성을 즐기고 누리는 일을 기뻐하고 계신다는 가장 확실한 증거이다. 성은 놀랍도록 아름다운 선물이다. 그러나 그것은 잠재적인 위험성 또한 내포하고 있다. 사람들은 삶의 이 영역에서 가장 큰 환희를 경험할수 도 있지만, 동시에 가장 통렬한 고통을 체험할 수도 있다. 이러한 위험성과 성의 기쁨을 보존해야할 중요성 때문에, 하나님께서는 성을 '부부 전용'으로만 한정을 지어놓으셨다(출 20:14, 고전 6:12-20). 그러나 아가서 성경은 또한 그 경계선 안에서는 남편과 아내가 서로를 '유희'하고 '즐거워'하도록 되어 있다는 사실을 상기시켜주고 있다.

이런 이유로, 이 교재의 대부분의 탐구주제들은 '아가서'에 그 기초를 두고 있다. 많은 그리스도인들이 이 아가서 성경에 대해 잘 알지 못한다. 그렇게 '감각적인' 책이 정경 속에 포함되어있다는 사실에 불편해하기도 한다. 그리고 실제로 어떤 성경번역가들은 아가서를 '그리스도와 교회'와의 관계를 상징하는 비유로만 치부하면서, 그 속의 '성적인 요소들'을 제거하기 위한 시도를 해오기도 했다. 물론 성경이 '그리스도와 교회의 관계'를 '부부관계'에 비유하고 있는 것은 사실이지만(엡 5:21-33), 아가서는 '인간과 인간 사이의 관계'에 관한 책이기도 하다.

아가서 성경은 '연애시'들로 이루어져 있다. 그리고 그 시들은 있는 그대로 받아들여져야 한다. 사랑에 빠진 신랑과 신부가 서로 간의 육체적인 친밀한 연합을 갈망하는 시적 노래들로서 말이다. 아가서를 해석하는데 있어서 가장 어려운 점들 중의 하나는 신랑과 신부가 서로의 몸과 서로를 향한 감정들을 묘사하기 위해 사용하고 있는 수많은 '은유'와 '직유'들을 해독하는 것이다. 그런데 이 교재는 독자들이 그 이미지들을 해석하는 일에 도움을 줄만한 자료들을 담고 있다.

제1장에서는 '성적 열망'과 '환희'에 대해서 다루고 있다. 때로 그리스도인들 중에는 결혼이라고 하는 범주 안에서조차도 성적 열망에 대해 고민하고 있는 경우들이 있다. 이

러한 갈등은 특히 그들의 부모로부터 의식적으로든 무의식적으로든 성은 더러운 것이라는 교육을 받고 자란 사람들에게서 강하게 나타난다. 또는 성을 우상시하거나 상품화하는 사회풍조에 혐오감을 느끼는 경우에 그러한 갈등이 나타날 수도 있다. 그리고 또 하나의 원인은 죄책감을 유발하고 있는 과거의 문란한 성생활일 수도 있다. 하지만 아가서의 묵상은 그리스도인들로 하여금 결혼관계 안에서 성적 열망과 환희의 감정들을 적극 수용할 수 있도록 격려해준다.

제2장은 육체적인 아름다움의 문제에 대해 탐구한다. 성경의 어떤 말씀들은 외적인 아름다움이란 그렇게 중요한 것이 아니라고 가르치고 있는 반면, 아가서는 남성과 여성의 육체의 미를 부각시키고 있다. 어떻게 부부들은 서로가 육체적 열등감의 감정들을 극복할 수 있도록 도울 수 있겠는가?

많은 부부들이 성을 생각할 때, 최절정의 쾌감에만 집중하는 경향이 있다. 그러나 그 환희의 순간은 놀라운 것이긴 하나 찰나적이다. 제3장은 부부간의 성이란 단지 쾌감의 최절정을 의미하는 것 그 이상임을 지적한다. 그것은 긴 '준비 작업'이 수반되는 하나의 과정이다. 부부간에 있어서 최고의 성은 그 '예비 작업'에서부터 시작되는 것이다.

그러나 아가서도 부부간의 성을 누리는 일에 있어서 장애물들이 있을 수 있다는 사실을 인정한다. 하나님께서는 부부의 성을 기뻐하시며, 그것을 선물로 주셨지만, 사탄은 그 큰 기쁨의 수원지를 오염시키고 도착화시키기 위해 온갖 노력을 다 기울이고 있다. 제4장과 제5장에서는 부부간의 육체적인 친밀함을 저해하는 세 가지 큰 방애물들인 '경멸감'과 '수치심', 그리고 '두려움'의 감정들을 연이어 살펴본다. 부부의 친밀한 관계는 이 세 가지 감정들 중 하나에라도 사로잡힌 배우자가 상대 배우자를 공격하거나 혹은 상대 배우자로부터 도망치려 할 때에 무너지게 된다.

마지막 제6장에서는, 때로 남편과 아내 중 어느 한쪽이 부부간의 친밀함을 위해 다른 한쪽에게 접근을 시도하지만, 단지 냉대와 적대감과 마주치게 되는 경우들이 있을 수 있음을 상기하게 해준다. 결국 남편과 아내 모두 여전히 '죄인'이며, '죄'는 관계를 찢어놓고 갈라놓기 때문이다. 그러나 아가서 5:2-6:3의 극적인 내용은 처음의 '단절'을 뛰어넘은 부부간의 '최절정의 연합'을 노래하고 있다.

추천 자료

제6권 교재의 탐구주제들은 '창세기'와 '사무엘하', '시편', 그리고 '아가서'와 관련을 맺고 있다. 나머지 주해서들은 앞 편에서 이미 소개를 하였다. 더 깊이 연구하기를 원하는 독자들을 위해 다음의 아가서 주해서를 추천한다.

- Longman, Tremper, III. *Song of Songs(아가서)*. New International 주해서. Grand Rapids시, Michigan주: Eerdmans 출판사. 2001년.
- 제1권 교재 '추천 자료' 편에 수록되어있는 Iain Provan의 *전도서*와 *아가서* 주해서 또한 참고해보라.

부부들을 위하여

이 교재는 현재 하나님의 선물인 성을 자유로이 누릴 수 있는 기혼 부부들을 위해 쓰여졌다. 하지만 성경공부 인도자는 대부분의 부부들이 부부간의 성문제에 있어서 어려움을 겪고 있다는 사실을 주목하고 주의하여야만 한다. 서로 다른 성장 배경이나 성적 열망의 정도, 기대감 등에 있어서의 차이가 부부의 관계를 기쁨보다는 분노나 실망감으로 이끌어갈 수 있기 때문이다.

제6권 교재를 활용하는 한 가지 좋은 방법은 성경공부 반원들이 혼자서 혹은 자신의 배우자와 함께 생각해보고 이야기해볼 수 있는 기회들을 가능한 한 많이 주는 것이 될 것이다. 어떤 질문들이나 답변들은 너무 사적이고 개인적인 것들이라서 전체 모임에서 공개하기가 어려운 경우들도 있을 수 있기 때문이다.

미혼남녀 및 예비부부들을 위하여

성경은 성이 오직 부부들을 위한 선물이라는 점에 대해서는 단호한 입장을 취하고 있다. 그러나 이것이 미혼남녀들이나 특히 약혼한 예비부부들조차도 성에 대해 이야기를 나눌 수 없다는 것을 의미하지는 않는다. 미혼남녀들은 선을 넘지 않는 한도 내에서 어느 정도까지 애정 표현을 할 수 있는지에 대해 알고 싶어 할 것이다. 아직 결혼하지 않은 남녀 간에는 어느 선까지가 적절한 것일까?

성경은 분명하게 단언하고 있다. 남녀의 '육체적인 결합'은 오직 결혼제도 안에서만 가능하다고 말이다. 하지만 '포옹'이나 '입맞춤', '어루만짐' 등은 어떤가? 성경에 이 부분에 대한 직접적인 언급은 없다. 따라서 성경공부 인도자는 이런 질문들에 대하여 미리 생각해보는 것이 좋을 것이다.

물론 어떤 행위들은 '육체적인 결합'에 너무 근접한 것이어서 도를 넘는 것임이 명백해 보이는 것들도 있다. 그러나 결혼 전에는 일체의 신체적 접촉이 금지되어야 한다고 주장하는 것은 너무 지나친 일일 것이다. 토론을 위해 염두에 둘 한 가지 원칙은 관계가 진지해지고, 배타적이 되고, 헌신적이 될수록, 신체 접촉의 수위가 올라가야만 하는 것인지 아닌지에 관한 것이다.

한 가지 더 조언하자면, 아가서 성경은 모든 사람들을 위한 하나님의 지혜를 담고 있다는 사실이다. 따라서 미혼남녀들 또한 그 혜택을 누리는 일에 있어서 제외되어서는 안 된다는 것이다. 그러나 그럼에도 불구하고, 때로 아가서는 미혼자들에게 만족시킬 수 없는 열망을 불러일으킬 수가 있고, 그것은 좌절감이나 분노로 이어질 수도 있다는 사실이다.

제7권: 바람과 집착(Dreams and Demands)

견실한 관계를 유지하는 부부들은 예상되는 결혼의 문제점들을 인식하고 그것들에 대처할 수 있는 계획을 가지고 있다. 제7권 교재에서 다루게 될 문제들은 '자녀', '돈', '질투심', '권태감' 그리고 '학대'이다. 그리고 이러한 문제에 있어서, 현명한 부부들은 다른 그리스도인 친구들의 충고와 도움도 기꺼이 환영할 것이다.

탐구주제와 말씀들

제 1 장 다자(多子) 혹은 무자(無子)? (창세기 30:1-8)

제 2 장 부할 때나 가난할 때나 (잠언 30:5-9, 마태복음 6:19-34)
제 3 장 질투심, 독인가? 약인가? (아가서 8:6-7, 고린도전서 13:4-6)
제 4 장 싫증과 열정 사이 (전도서 1:8-10, 9:7-10)
제 5 장 학대는 상처를 낳고 (사무엘하 13:1-22)
제 6 장 교회가 해답이다 (잠언서의 말씀들)

요점

> 다른 이성에 의해 위협받고 있는 부부관계를 보호하기 위한 열정으로서의 질투심은 건강한 감정적 에너지이다.

1. 자녀들은 분명 '축복' 이지만, 때론 부부들로 하여금 자신들의 관계를 소홀히 여기도록 이끄는 '방해물' 이 되기도 한다.
2. 부부는 자녀들을 키우는 중에도 부부관계의 활력을 유지할 수 있도록 의도적으로라도 주의를 기울여만 한다.
3. 돈은, 그것을 버는 법과 소비하는 방식에 있어서, 부부간의 갈등점이 될 수 있다.
4. 다른 이성에 의해 위협받고 있는 부부관계를 보호하기 위한 열정으로서의 질투심은 건강한 감정적 에너지이다.
5. 근거 없는 의심에서 비롯된 것이거나, 어떤 경우에든지 폭력적인 형태로 표현되는 질투심은 파괴적인 감정일 뿐이다.
6. 권태감은 부부간의 단절로 이어질 수 있고, 이것은 부부관계에 상처를 입히고 심지어는 관계를 무너뜨릴 수도 있다.
7. 권태감은 삶이 너무 틀에 박힌 일상이 될 때 발생하게 된다.
8. 결혼생활의 열정과 놀라움을 회복하기 위해서는 부부가 의도적으로 함께 생각하고 함께 계획을 세우는 일을 해야만 한다.

9. 과거의 상처는 다시 떠올라 현재의 관계에 부정적인 영향을 미칠 수 있다.
10. 견고한 부부관계를 유지하기 위해서는 다른 믿음의 형제들의 도움과 충고도 기꺼이 활용할 수 있어야 한다.

개요

두 죄인 간의 결합은 죄의 문제를 해결해주지 못한다. 오히려 문제만을 더 증폭시키게 된다. 결혼의 그런 본래적인 속성은 부부사이에 특별히 강렬한 긴장감을 불러일으킬 수 있는 어떤 영역들이 있음을 예상할 수 있게 해준다.

교재 제7권의 제1장에서는 '자녀'에 관해 다루고 있다. 자녀는 하나님으로부터 오는 축복이다. 그리고 대부분의 부부들은 큰 기대감을 가지고서 자녀의 출생을 고대한다. 그러나 부부는 단지 한정된 힘과 시간을 가지고 있는 반면, 자녀들은 그 이상의 에너지를 요구하게 된다는 것이 현실이다. 그러다보니, 어떤 부부들은 자녀를 양육하는 일에 온 에너지를 집중하게 되고, 자신들의 관계는 뒷전으로 미뤄놓는 치명적인 실수를 범하기도 한다. 제1장에서는 그러한 위험성과 치료책에 대해 탐구하게 될 것이다.

제2장의 주제는 '돈'이다. 돈은 그 사람의 가치관을 반영해준다. 돈을 어떻게 벌고 그 돈을 어디에 소비하는지를 보면 그 사람에 대해 많은 것을 알 수가 있다. 부부가 돈에 대한 서로 다른 관점들을 가지고 있을 수 있으며, 그것은 분쟁의 씨앗이 될 수도 있다. 이 영역의 잠재적인 갈등요소들에 대해 이야기를 나눌 수 있도록 여러 정선된 말씀들이 소개되어질 것이다.

제3장에서는 '상호 배타적인 사랑의 관계'로서의 결혼의 고유한 속성에 대해 생각하게 될 것이다. 사람은 오직 한 사람의 배우자만을 가질 수 있다. 다른 이성은 용납되지 않는다. 하지만 부부사이에 위협요소가 끼어들게 될 때면 어떤 일이 발생하는가? 이런 상황에서 '질투심'이란 합당한 감정인가?

제4장은 불타는 질투심에서 '권태감'으로 그 초점을 옮겨, 그것이 부부관계에 가져오는 위험성에 대해 고찰하게 된다. 신혼의 열정이 사그라지게 되면, 대부분의 부부들은 지루한 일상에 빠져들게 된다. 이 장에서 성경공부 참가자들은 권태감의 위험과 그 탈출구

에 대해 생각하게 될 것이다.

제5장에서는 '학대'에 관해 살펴본다. 부부관계의 또 다른 잠재적 방해요소는 과거로부터 나오기도 한다. 특히 신체적인 폭력이나 성적인 학대와 같은 상처로 얼룩진 과거는 다시 의식의 수면으로 떠오르게 되어있고, 이것은 결혼 후에도 문제들을 야기한다.

마지막으로, 제6장은 부부간에도 풀어야 할 많은 문제들이 있음을 상기시켜준다. 그리고 하나님께서는 그런 문제들에 관하여 부부가 도움과 돌봄을 받을 수 있도록 '교회'라고 하는 공동체를 마련해두셨음을 알게 해준다.

추천 자료

교재 제7권의 탐구주제들은 '창세기'와 '사무엘하', '잠언', '전도서', '아가서', '마태복음' 그리고 '고린도전서'와 관련이 있다. 이 말씀들에 관한 주해서들은 앞서 추천했던 자료들이나 뒤에 나올 자료들을 참고하기 바란다.

부부들을 위하여

제7권의 주제들은 부부들로 하여금 자신들의 부부관계에 있어서의 충돌점들을 인식하도록 돕는다. 그리고 더 나아가 그러한 문제점들을 'DMZ' 속으로 던져두지 않고 직면할 수 있는 전략들을 모색할 기회를 제공해준다. 부부들은 문제 해결을 위해 자기 자신들만을 의지할 필요가 없음을 알게 될 것이고, 더 큰 가족인 믿음의 공동체, 교회를 통하여 도움을 얻을 수 있음을 배우게 될 것이다.

미혼남녀 및 예비부부들을 위하여

유비무환이다. 미혼의 청년들과 특히 약혼을 한 예비부부들은 결혼 후에 '불나기 쉬운' 이러한 문제들에 대해 미리 미리 서로 대화를 나눠놓는다면, 나중에 생길 갈등들에 대처할 수 있는 준비를 더 잘 갖추게 될 것이다. 사실 교재 제7권에서 다루고 있는 '돈'을 비롯한 여러 문제들은 모든 부부가 씨름해야만 할 분쟁 요소들인 것이다.

6

결혼 관련 설교 시리즈

이 장(章)에서는 결혼에 관한 네 편의 설교문이 소개되고 있다. 이 설교문들은 실제 설교들이며, 이 속의 예화들에 등장하는 인물들 또한 실제적이다. 물론 이런 실제적인 설교문들을 채택한 이유는 독자들이 단지 이 설교들을 '설교문'으로서 대하지 않고, 각자 자신의 삶과 관련된 말씀들로 적용할 수 있도록 격려하기 위함이다.

제1편 설교: '성공적인' 결혼생활을 위한 하나님의 전략
< 창세가 2:18~25 >

저는 오늘 아침 창세기 2장을 본문으로 '하나님의 결혼 프로젝트'에 관한 말씀을 전하고자 합니다. 본론으로 들어가기 전에 먼저 몇 가지 말씀드리려고 합니다. 첫째로, 오늘 설교 주제가 성도 여러분들 모두에게 직접적으로 해당이 되는 말씀이 아닐 수 있다는 것입니다. 왜냐하면, 여러분들 중에는 아직 결혼을 하지 않은 분들도 있기 때문입니다. 본인이 스스로 원해서 그렇거나 혹은 결혼하기를 원하지만 짝을 찾지 못한 경우이거나 말입니다. 또 어떤 분들은 이혼의 아픔을 겪으시기도 하였고, 또 다른 분들은 사랑하는 남편이나 아내를 먼저 떠나보내신 경우일 수도 있으실 겁니다.

하지만 어떤 이유에서든 여러분이 결혼생활을 하고 있지 않은 상태라 할지라도, 오늘 설교를 통해 배울 바가 있으실 것입니다. 당신은 하나님과 그분의 지혜에 대해 알게 될 것입니다. 당신이 아직 미혼이라면, 언젠가 결혼을 하게 될 텐데, 미리 이 문제에 대하여 생각해보는 것도 큰 도움이 될 겁니다. 여러분은 하나님께서 여러분들 앞에 무엇을 예비해놓고 계신지 알지 못합니다. 그리고 이 설교가 끝날 무렵에는 우리 모두 성경적인 결혼관에 대한 더 깊어진 이해를 통해서 예수 그리스도와 우리와의 관계 또한 더 깊이 이해하는 단계에 이르게 될 것입니다.

더 나아가, 우리는 결혼에 대한 탐구를 통하여 일반적인 모든 인간관계의 중요한 원칙들 또한 발견할 수 있게 된다는 것입니다. 결혼이란 모든 인간관계들 중에서 가장 강하고도 친밀한 관계입니다. 그래서 결혼관계의 특성들은 특히나 성적인 부분과 같은 경우들은 친구 관계에서는 찾아볼 수 없는 것들입니다. 그러나 부부관계의 많은 원칙들은 다른 인간관계들이 어떻게 이루어져가고 있는지를 이해하는 데에도 실제로 많은 도움이 됩니다.

오늘의 설교가 자신과는 아무런 상관이 없는 말씀이라고 생각하는 분들에게 조차도 결혼의 문제는 여전히 중요한 설교 주제입니다. 왜냐하면 결혼은 우리 삶의 기쁨과 고통의 커다란 근원지이기 때문입니다. 이혼율 통계치는 가히 충격적입니다. 저는 요즘의 이혼율이 50%를 넘어가고 있으며, 젊은 부부들 사이에서는 훨씬 더 높다는 말을 들었습니다. 더더욱이 그리스도인들의 이혼율 역시 불신자들의 그것과 별반 다를 것이 없다는 조사 결과는 우리의 마음을 한없이 무겁게 합니다. 물론 통계치가 항상 정확한 것은 아니지요. 그래서 그리스도인 심리학자인 게리 올리버(Gary Oliver)와 같은 사람들은 그리스도인 이혼율에 대한 좀 더 믿을만한 연구조사를 시행하고 있기도 합니다. 왜냐하면 그는 이혼한 사람들이 정말 그리스도인이 맞는지를 확인하기 위해서는 단순히 "당신은 기독교인입니까?" 라는 질문을 하는 것 이상의 일을 해야만 한다고 믿고 있기 때문입니다.

그러나 설혹 그리스도인 부부의 이혼율이 세상 통계치가 주장하고 있는 것보다 훨씬 더 낮은 수치의 것이라 할지라도, 우리는 여전히 수많은 그리스도인들의 결혼생활이 어려움을 겪고 있다는 사실에 직면할 수밖에는 없습니다. 앞으로도 보겠지만, 하나님께서는 인간의 '외로움'의 문제를 해결하시기 위하여 결혼제도를 창안하셨습니다. 그런데 정말 그렇다면, 왜 결혼한 그 수많은 사람들이 여전히 외로움을 느끼고 있는가 하는 것입니다. 제가 대학교에서 학생들을 상대로 강연을 하게 되는 경우에, 저는 학생들이 결혼을 자신들의 모든 문제의 해결책으로 생각하고 있다는 사실을 발견하게 됩니다. 그것이 '외로움'의 문제이건, 아니면 '성적 열망'의 문제이건 말입니다. 하지만 결혼한 부부들은 알고 있습니다. 자신들이 여전히 외롭고, 부부간의 성 또한 문제가 많다는 것을 말이지요.

따라서 결혼에 관한 하나님 그분의 지혜를 살펴보는 일이 아주 중요합니다. 그리고 하나님께서 결혼을 창시하셨던 그 최초의 장소로 돌아가는 것보다 더 좋은 방법은 없을 것입니다. 우리는 먼저 첫 번째 결혼이 어떻게 생겨나게 되었는지 그리고 하나님께서 여성을 창조하신 의미에 대하여 주목하게 될 것입니다. 그리고 그 다음으로는 결혼에 대한 하나님의 명령을 집중적으로 조명하게 될 겁니다. 뒤에서 자세히 보겠지만, 하나님의 명령이란 남자와 여자가 자신들의 과거의 삶을 각각 떠나서, 하나의 삶을 함께 이루어가며, 한 몸이 되라는 것이었습니다.

자, 이제 "떠나라, 연합하라, 한 몸을 이루라"는 하나님의 명령을 담고 있는 창세기 2:18-25을 함께 읽어보시겠습니다.

"여호와 하나님이 이르시되 사람이 혼자 사는 것이 좋지 아니하니 내가 그를 위하여 돕는 배필을 지으리라 하시니라 여호와 하나님이 흙으로 각종 들짐승과 공중의 각종 새를 지으시고 아담이 무엇이라고 부르나 보시려고 그것들을 그에게로 이끌어 가시니 아담이 각 생물을 부르는 것이 곧 그 이름이 되었더라 아담이 모든 가축과 공중의 새와 들의 모든 짐승에게 이름을 주니라 아담이 돕는 배필이 없으므로 여호와 하나님이 아담을 깊이 잠들게 하시니 잠들매 그가 그 갈빗대 하나를 취하고 살로 대신 채우시고 여호와 하나님이 아담에게서 취하신 그 갈빗대로 여자를 만드시고 그를 아담에게로 이끌어 오시니 아담이 이르되 이는 내 뼈 중의 뼈요 살 중의 살이라 이것을 남자에게서 취하였은즉 여자라 부르리라 하니라 이러므로 남자가 부모를 떠나 그의 아내와 합하여 둘이 한 몸을 이룰지로다 아담과 그의 아내 두 사람이 벌거벗었으나 부끄러워하지 아니하니라."

위 말씀을 가만히 생각해보면, 아담이 외로움을 느끼고 있었다는 사실이 상당히 놀랍습니다. 결국 하나님께서는 아담을 위해 온갖 것들로 풍요로운 세상을 창조하셨기 때문입니다. 더욱이 에덴동산의 풍성함보다도 하나님 그분 자신께서 아담과 친밀한 관계를 맺고 계셨습니다. 아담은 흙으로부터 창조가 되어졌지요. 이것은 다른 피조물들과의 관계를 보여주고 있는 것입니다. 그러나 아담을 살아있게 한 것은 바로 하나님 그분의 숨결인 생기였습니다. 또한 창세기 1장은 아담이 하나님의 형상대로 창조되었음을 말씀해주고 있습니다. 그리고 그것은 그가 하나님이 어떤 분이신지를 반영해주는 존재임을 의미하는 것이지요. 하지만 하나님과의 이런 특별한 관계 속에서도 아담은 '외로움'을 느꼈다는 것입니다. 그리고 하나님은 그런 아담을 정죄하시기보다는 그의 '외로움'을 치유하시기 위해 대책을 강구하셨다는 사실입니다.

하나님은 아담을 위해 '돕는 배필(helper)'을 하나 만들어주실 참이었습니다. 저는 여기서 잠깐 '돕는 배필(helper)'이라는 단어에 대해 설명을 하고자 합니다. 이 단어는 자칫 하나님께서 아담을 위해 '종(servant)'을 하나 만들어주실 계획을 세우신 것처럼 생각될 수 있습니다. 그리고 실제로 어떤 사람들은 이 구절을 여자가 남자보다 열등한 존재라는 말씀으로 받아들이기도 합니다. 그러나 이 단어가 구약 성경의 다른 곳에서 어떻게 사용되고 있는지를 보게 되면 아마 놀라게 될 것입니다. 왜냐하면 그 단어가 때론 바로 하나님 그분 자신을 지칭하는 경우에 쓰이고 있기 때문입니다. "내 아버지의 하나님이 나를 도우사(my helper) 바로의 칼에서 구원하셨다 함이더라(출 18:4)." "주는 나의 도움(help)이시요"에서처럼 말입니다(시 70:5). 물론 이런 말씀들은 하나님께서 인간의 '종'이라는 뜻이 결코 아닙니다. 이와 마찬가지로, '돕는 배필(helper)'이라는 단어 속에도 '여성의 열등함' 같은 의미는 전혀 포함되어있지 않다는 것입니다.

우리는 하나님께서 아담의 외로움을 날려버릴 '돕는 배필(helper)'을 준비하시는 과정을 지켜보면서 의아해합니다. 하나님께서 아담 앞으로 온갖 동물들을 행진시키시기 때문입니다. 아담은 그 동물들에게 이름을 지어줍니다. 하지만 그것들 중에서 자신의 짝을 찾을 수는 없었습니다. 그것들은 동물들이었으니 당연한 일이지요. 하나님은 정말로 아담이 동물들 중에서 자신의 배필을 찾을 수 있을 거라고 생각하신 것인가요?

물론 아닙니다. 하나님은 단지 아담에게 기대감을 불러일으키고 계셨던 것입니다. 적합하지 못한 것들을 보여주심으로써, 하나님께서는 아담이 자신에게 어울리는 짝을 인식할 수 있는 토대를 닦고 계셨던 것이지요.

아담이 마음의 준비가 되어지자, 하나님께서는 아담의 '갈빗대'로 하와를 창조하십니다. 아담 몸의 한 중간에 있는 '갈빗대'로 하와를 만드셨다는 의미가 무엇일까요? 남자의 '머리'나 '발'이 아닌 '옆구리'로부터 여자를 지으셨다는 것은 '동등함'과 '짝 됨'을 뜻하는 것입니다. 18세기의 저명한 성경 주석가 매튜 헨리(Matthew Henry)는 다음과 같이 말했습니다. "아담의 머리에서 취하지 않았다는 것은 그 위에 올라서지 않도록 하기 위함이며, 아담의 발로부터 지음 받지 않았다는 것은 그에 의해 짓밟히는 일이 없도록 하기 위함이다. 그의 옆구리에서 취했다는 것은 그와 동등하다는 의미이며, 그의 팔 아래에서 꺼냄을 받았다는 것은 보호받아야 한다는 의미이며, 그의 심장 가까이에서 취함을 입었다는 것은 사랑받아야 할 존재라는 의미이다."

이제 우리는 결혼의 핵심을 설파해주시는 하나님의 선언을 살펴보고자 합니다. 이것은 왜 남자가 자신의 부모를 떠나, 아내와 연합하고, 둘이 한 몸을 이루어야 하는지 그 이유에 대한 설명입니다.

저는 이것을 '떠나기, 연합하기, 한 몸 되기'라고 부릅니다. 결혼이란 무엇일까요? 결혼은 자신들의 부모를 떠나, 하나로 연합된 삶을 엮어가며, 육체적으로도 한 몸이 되는 한 남자와 한 여자의 관계입니다. 지금부터 이 세 가지 요소들을 구체적으로 생각해봄으로써 성경적인 결혼관을 좀 더 잘 이해해볼 수 있도록 하겠습니다.

> "하나님은 정말로 아담이 동물들 중에서 자신의 배필을 찾을 수 있을 거라고 생각하신 것인가요? 물론 아닙니다. 하나님은 단지 아담에게 기대감을 불러일으키고 계셨던 것입니다. 적합하지 못한 것들을 보여주심으로써, 하나님께서는 아담이 자신에게 어울리는 짝을 인식할 수 있는 마음의 토대를 닦고 계셨던 것입니다."

떠나기

행복한 결혼이 되기 위해서는 왜 남자나 여자가 자신의 부모를 떠나는 것이 그렇게 중요할까요? 그리고 '떠난다'는 것은 무슨 의미일까요?

먼저, 부모를 떠난다는 것은 반드시 '물리적인 떠남'을 뜻하는 것은 아닙니다. 곧 뒤에서 보게 될 창세기의 이야기 속에서도 알 수 있듯이, 결국 고대 근동 지역에서 새로 결혼한 부부들이 사실 자신들의 부모와 함께 거주하는 것은 흔한 일이었습니다. 따라서 부모를 떠나라는 말씀을 실제적으로 부모를 버리라는 그런 종류의 명령으로 받아들여서는 안 될 것입니다. 그것은 또 결혼한 부부가 자신들의 부모로부터 재정적인 도움이나 조언을 받는 일을 거부해야만 한다는 뜻도 아닙니다.

그렇다면 무슨 의미인가요? 그것은 부부가 새로운 '사랑의 우선순위'를 확립해야만 한다는 뜻입니다. 결혼 전에는, 남자와 여자 모두 자신의 부모가 최우선이 되는 관계였습니다. 그래서 조언이나 도움이 필요하면 부모에게 먼저 달려갔습니다. 그러나 결혼 후에는, 서로의 배우자가 남자와 여자의 최우선 순위가 되어야 한다는 것입니다.

하지만 신혼부부들이 건강한 부부관계를 정립하기 위해서는 부모를 떠나는 일 이외에도 떠나야 할 과거의 것들이 또한 있다는 사실입니다. 아마 '친구들'이나 '습관들', '취미들'이 떠나야 할 것들 일 수 있습니다. 다시 말하지만, 이것 역시 문자적으로나 실제적으로 받아들이기 보다는 우선순위의 관점에서 이해해야 할 것입니다. 남편들에게 있어서, 내 친구들이 내 아내보다 더 중요해서는 안 된다는 것입니다. 아내들에게 있어서도 마찬가지입니다. 당신의 친구들이 당신의 남편보다 더 중요할 수 없습니다. 당신이 건강한 결혼생활을 정말로 원한다면, 모든 인간관계들 중에서 당신의 배우자와의 관계가 가장 중요한 것이 되어야만 합니다.

따라서 부부는 서로에 대한 신뢰심과 확신이 자라갈 수 있도록 새로 맺은 관계 주변에 경계선을 그어놓을 필요가 있습니다. 그리고 이 경계선은 부부가 함께 상의하여 세워야 할 것입니다. 그리고 그 경계선이 침범당하고 있다고 느낄 때면 언제라도 서로에게 그 사실을 말할 수 있는 관계를 조성하는 일이 절대적으로 필요합니다. 이것은 신혼부부들만이 지켜야할 사항이 아니라 결혼한 지 오래된 부부들에게도 동일하게 해당이 되는 것입니다.

    인정하고 싶지는 않지만, 결혼 직후 수년 이상을 저는 아내와 함께 우리 부모님을 방문할 때마다 어린아이로 되돌아가는 습성이 있었습니다. 저는 부모님을 만나면 마치 아이처럼 행동하곤 했었습니다. 아내가 그 사실을 지적하였을 때, 저는 별걸 가지고 다 시비를 건다는 식으로 생각을 했습니다. 그러나 가만히 돌이켜보면, 그것은 제가 아직 저의 '부모님을 떠나지' 못하고 있었다는 증거였습니다.

    하지만 제 아내도 자신의 부모님을 떠나지 못하고 있는 부분이 제게 느껴졌었습니다. 그것은 집안의 물건들을 고치는 일에 있어서였니다. 장인어른은 '만능 수리공' 이셨습니다. 반면에 저는 망치나 드라이버의 '망' 자나 '드' 자도 모르는 사람이었지요. 집안의 어떤 물건을 고쳐야한다는 아내의 말만 들어도 등골에 식은땀이 흐를 정도였습니다. 저는 모든 사람들이 물건을 고치는 일에는 기술자를 부르는 줄로만 생각하고 있었어요. 그리고 만약 제가 무언가를 고치다가 실패하게 되면, 아내가 이렇게 말할까봐 겁도 났었지요. "저는 모든 남자들이 저의 아빠처럼 만능 수리공인줄만 알았어요."

    그러나 이런 부분만 있었던 것은 아닙니다. 저희 부부에게는 우리의 부모님을 떠나 새로운 사랑의 우선순위를 확립했던 영역들도 분명히 있었습니다. 그리고 우리가 부모님이 아닌 서로를 의지하고 있다는 사실은 우리의 관계를 성장시키고 성숙시키는데 필요한 여지를 제공해주었습니다.

연합하기

> "평균적으로, 여성이 하루 동안 사용하는 단어 수는 약 20,000개 정도가 됩니다. 그에 반해 남성은 약 5,000개 정도가 됩니다."

    그러나 새로 결혼한 부부가 자신들의 부모를 떠나는 것은 떠나는 것 자체가 목적이 아닙니다. 그것은 새로운 관계를 만들어가기 위함입니다. 그런데 이 대목에서 우리는 '친구관계'에 대해서도 가장 잘 배울 수 있게 됩니다. 오직 '결혼관계' 만이 새로운 시작을 위해 떠남을 요구합니다. 결국 결혼이란 '상호배타적인' 관계이기 때문입니다. 당신은 주변에 수많은 친구들을 둘 순 있지만, 배우자는 단 한 사람뿐입니다. 뒤이어 살펴보겠지만, 하나님께서는 '육체적인 친밀함'을 오직 부부들만을 위해 의도하셨습니다. 부부의 관계를 하나로 꾸려가는 일에는 육체적으로도 특별히 깊은 종류의 친밀함이 포함되지만, 친구사이에서도 가까운 유대관계를 형성하는 일은 가능합니다.

두 삶을 하나로 엮어가는 것은 과정이 필요한 일입니다. 그것은 하룻밤 사이에 이루어지는 것이 아닙니다. 또 어떤 점에서는 결코 완벽하거나 완전해질 수 있는 것도 아닙니다. 아무리 부부 사이가 좋은 경우라 하더라도, 부부간의 연합은 함께 대화하고, 함께 나누는 일들을 필요로 합니다.

그런데 문제는 특히 21세기를 살고 있는 우리 현대인들에게 그런 일들이 쉽지 않다는 사실입니다. 우리 모두는 분주한 삶을 살고 있습니다. 우리는 직장이나 자녀들 그리고 수많은 책임들에 몸이 두 개라도 모자랄 정도입니다. 부부가 어떤 일들을 함께 하고, 함께 여유를 가지고 대화를 나눈다는 것은 참 어렵습니다. 흔히 남편과 아내들은 그저 각각 다른 일들을 향해 달려가는 도중에 서로의 곁을 스쳐 지나갈 뿐입니다.

그런데 부부간에는 현대 문화적인 분주함 말고도 또 다른 문제들이 도사리고 있습니다. 남자와 여자는 서로 다른 구조를 가지고 있기 때문입니다. 남자와 여자의 언어사용 방식에 관한 연구들이 있었습니다. 물론 절대적인 것은 아니고 일반적인 통계치이지만, 평균적으로 여성이 하루 동안 사용하는 단어 수는 약 20,000개 정도가 된다고 합니다. 남성은 약 5,000개 정도가 되고요. 거기에 엄마가 어린 자녀들과 함께 온종일 집에서 씨름해야하는 가정에서는 문제가 더 복잡해집니다. 남편은 직장에 나가 하루 종일 거의 4,500 단어를 사용하고 옵니다. 집에 있는 아내는 아이들과 함께 있으면서 겨우 5,000 단어를 소모했습니다. 그것도 그 중 4,900 단어는 "안 돼."라는 단어로서 말이지요. 집에 돌아온 남편은 '하루 언어 할당량' 중 겨우 500 단어가 남은 상태고지만, 반면에 아내는 무려 15,000 단어가 남은 셈이지요. 그리고 여기에서부터 '재앙'이 시작되는 것이고요.

제 아내와 저는 결혼한 지 30년이 넘었습니다. 다른 모든 부부들처럼 저희 역시 인생의 부침을 겪어왔습니다. 제가 여기에 서서 권면드릴 수 있는 말씀은 여러분들 모두 대화할 시간을 만드시라는 것입니다. 저희 부부의 관계는 지난 3년간 더욱 돈독해졌다고 말씀드릴 수 있을 것 같습니다. 왜냐하면, 매일 아침 약 5km 정도의 거리를 둘이서 함께 기도하며 대화하며 걷고 있거든요. 사실 세 자녀들을 키우며, 새로운 일들과 수많은 일상사들을 해나가면서 부부가 매일 함께 걷는 일은 거의 불가능해 보였었습니다. 하지만 뒤돌아보건대, 지난 3년간뿐만 아니라 30년 동안에도, 매일 단 10분간만이라도 부부가 대화할 시간을 마련했었더라면 얼마나 좋았을까 하는 생각이 듭니다. 그리고 저는 정신없이 돌아가는 삶의 번잡함 속에 있는 여러분들 모두에게도 저희 부부와 같이 해보시기를 권고해드리고 싶습니다.

다시, 이와 동일한 원리가 친구 관계를 발전시켜나가는 일에도 동일하게 적용이 됩니다. 여러분은 친구들을 사귀고 관계를 유지시켜나가는 데에도 시간을 투자해야 합니다. 그들과 함께 일하고, 그들과 함께 대화를 나누어야만 합니다. 당신의 인생을 그들과 함께 나누어야 하고, 그들의 인생에도 관심을 가져야 합니다. 우리 모두는 친구 관계라는 것이 저절로 형성이 되는 그 어떤 것이라고는 생각하지 않습니다. 친구 관계를 맺어가기 위해서는 의도적인 노력이 필요함을 알고 있습니다.

그렇다면 부부로서 우리는 우리의 삶을 하나로 연합시키기 위하여 무슨 대화를 나누어야만 할까요? 많은 것들이 있을 겁니다. 사사로운 일부터 시작해서 아주 중대한 일까지 말입니다. 하지만 저는 크게 두 가지 범주를 강조하고 싶습니다. 그것은 '이야기'와 '꿈'입니다. 부부는 지난 과거를 되돌아보면서 서로에게 '이야기'를 들려줄 수 있습니다. 물론 꾸며낸 이야기를 말하는 것이 아닙니다. 자신의 과거 이야기를 서로 나눈다는 것입니다. 부부는 서로가 지니고 있는 과거의 기쁨과 고통들에 대해 알 필요가 있습니다. 그렇게 할 때, 배우자의 행동을 좀 더 깊이 이해할 수 있게 되기 때문입니다. 부부관계에서도 자신의 과거를 나누는 일은 용기를 요구하는 일이며, 서로간의 신뢰의 증가가 필요한 일입니다.

'꿈'은 미래에 대한 소망의 표현입니다. 당신은 개인으로서, 그리고 부부로서 오늘 무엇을 하기를 원하십니까? 다음 한 주간은요? 또 남은 평생 동안은요? 꿈은 당신의 미래를 결정합니다. 그리고 부부는 자신들의 미래와 소망에 대해 마음을 나누고, 대화함으로써 함께 꿈을 꾸어갈 필요가 있습니다.

물론 서로에게 말을 할 때에는 서로의 다름과 차이에 대해 민감해야 합니다. 만약 제가 하고 싶은 대로만 한다면, 저는 아마 대화의 모든 시간을 축구 이야기나 저의 사역의 성취 이야기로 소모해버리고 말 것입니다. 하지만 제 아내는 좀 더 우리의 관계에 관련된 이야기를 하고 싶어 할 것입니다. 부부들은 서로 대화를 나눌 때에도 상대 배우자의 세계에 관심을 가질 필요가 있습니다.

그렇다면 모든 대화가 다 긍정적이고 고무적인 것입니까? 만약 대화 도중 논쟁을 벌인다면, 그것은 잘못된 관계라는 의미일까요? 전혀 그렇지 않습니다. 저는 오히려 이렇게 말씀드리고 싶습니다. 만약 당신 부부가 결코 논쟁을 해본 적이 없거나 어쩌다가나 한번씩 의견의 불일치를 보이고 있다면, 당신의 부부관계야말로 문제가 있는 것이라고 말입니다.

어떻게 이런 말이 가능합니까? 우리가 어떤 존재인지를 기억하시면 됩니다. 예, 우리는 하나님의 형상대로 창조된 두 피조물들입니다. 그러나 창세기 3장이 말씀해주고 있듯이, 우리는 또한 하나님께 반역한 죄인들이기도 합니다. 많은 사람들이 결혼만 하면 자신의 모든 문제들이 해결될 것이라는 생각으로 결혼을 합니다. 그들은 결혼이란 두 죄인들 간의 합병이라는 사실을 잊고 있는 것입니다. 죄인 둘이 함께 하게 되는데, 문제가 사라질까요? 천만에지요. 오히려 문제들은 더욱 증폭됩니다.

따라서 부부간에 혹은 두 사람 간에 전혀 갈등이 없다고 한다면, 그것은 그들이 단지 피상적인 관계에만 머무르고 있기 때문일 가능성이 상당히 높습니다. 그들은 댄 알렌더(Dan Allender)가 말한 'DMZ' 속으로 들어가기를 거부한 부부들일 것입니다. 모든 부부 사이에는 'DMZ'라고 하는 부부간의 마찰을 불러일으킬 수 있는 대화 주제들이 존재합니다. 그것은 '돈'이 될 수도 있고, '자녀'나 '시대 식구들', '처가 식구들' 혹은 '성'이 될 수도 있습니다. 저희 부부의 'DMZ'는 '자녀양육의 문제'였습니다. 저희들은 그 문제와 갈등을 서로 회피하곤 했었지요. 그러나 그것은 부부관계에 더 큰 타격으로 돌아왔습니다. 우리 모두 삶의 진실과 맞닥뜨리기 위해서는 갈등을 감수해야만 합니다.

한 몸 되기

> "우리 모두 삶의 진실과 맞닥뜨리기 위해서는 갈등을 감수해야만 합니다."

'결혼의 3단계' (떠나기, 연합하기, 한 몸 되기)의 절정은 '한 몸 되기' 입니다. "아담과 그의 아내 두 사람이 벌거벗었으나 부끄러워 하지 아니하니라." 라는 창세기 2:25 속에 집약된 에덴동산의 축복을 주목해보십시오.

또한 '한 몸 되기' 는 '떠나기' 와 '연합하기' 를 전제로 하고 있다는 사실에도 주목하시기 바랍니다. 하지만 물론 그렇다고 해서 모든 단계가 완벽하게 이루어진 다음에야 다음 단계로 나아갈 수 있다는 말은 아닙니다. 하지만 부부간의 좀 더 만족스런 육체적 결합은 친밀한 대화 후에 온다는 사실입니다.

부부간의 성은 놀랍고도 신비로우며 어렵기도 한 주제입니다. 저는 이 시간에 그것에 대해 상세하게 다 설명할 수는 없습니다. 적지 않은 사람들이 성경과 기독교는 성을 혐오한다는 생각을 가지고 있습니다. '너무 재미있는 것은 나쁜 것이기 쉽다.' 라고 생각하기 때문이지요. 물론 성경은 '결혼 밖의 성' 에 대해서는 극도로 부정적인 것이 사실입니다. 그러나 '결혼 안의 성' 에 대해서는 결코 부정적이지 않습니다. 오히려 그것을 축복하며 축하해줍니다. 성경 중에는 그 전체가 '도발적인' 언어들로 사랑의 열정에 대해 노래하고 있는 책도 있습니다. 바로 '아가서' 입니다. 만약 당신이 이 성경을 한번도 읽어본 적이 없다면, 오늘 오후에라도 한번 그렇게 해보실 것을 권면합니다.

'성경' 과 '성' 에 관한 또 다른 오해로는 성의 유일하고도 일차적인 목적이 자녀를 생산하는 것이라는 고정관념입니다. 하지만 이보다 더 큰 오해도 없을 것입니다. 창세기 2장의 말씀이나 아가서 전체를 다 훑어보아도 '자녀 생산' 에 관한 이야기는 단 한마디도 없다는 사실입니다. 성경은 결혼 안에서의 성과, 부부가 서로 간에 육체적인 즐거움을 주고받는 그 기쁨을 축복해주고 있습니다. 하나님은 우리에게 "떠나라, 연합하라, 한 몸을 이루라." 라고 말씀하셨습니다. "떠나라, 연합하라, 한 몸을 이루라, 그리고 해산의 고통으로 괴로워하라."가 아니라는 말입니다.

하지만 슬프고도 안타까운 사실은 흔한 경우, 기쁨만큼이나 고통의 원인이 되는 것이 바로 성입니다. 창세기 2장에서 우리는 아담과 하와가 서로 앞에 벌거벗은 채로 서있지만 전혀 수치심을 느끼고 있지 않는 모습을 보게 됩니다. 그러나 바로 다음 장에 넘어가면서 이 상황은 바뀌어버리고 맙니다. 아담과 하와의 죄 때문입니다. 그들은 서로의 몸을 감춥니다. 더 이상 서로 앞에 부끄러움 없이 서있을 수가 없었기 때문입니다.

하지만 아가서가 전해주는 또 하나의 메시지는 아름다웠던 최초의 부부관계로의 회복이 가능하다는 것입니다. 우리는 성경 아가서 속에서 다시금 에덴동산에서처럼, 동산 안에서 서로의 몸을 기뻐하는 벌거벗은 한 남자와 한 여자를 보게 됩니다.

창세기 2장의 관점에서 결혼을 묵상하게 될 때, 우리는 우리 자신에 대해 많은 것을 배우게 됩니다. 가장 중요한 것은, 견고하고 성경적인 부부관계를 정립하기 위한 '떠나기와 연합하기 그리고 한 몸 되기'의 중요성에 대해 배우게 된다는 것입니다. 그러나 창세기 2장으로부터 우리가 배우게 되는 것은 단지 우리의 결혼관계에 관한 것 그 이상일 거라고 앞서 말씀드린 것처럼, 우리는 '우리 자신과 하나님과의 관계'에 대한 통찰력 또한 얻게 됩니다.

성경은 우리와 하나님과의 관계를 사람들이 일상 경험하며 살고 있는 인간관계들로 비유하고 있습니다. 하나님은 우리의 '아버지'이시며, '왕'이시며, '어머니'시며, '선생님'이시며, '용사'이시며, '목자'이십니다. 그리고 흔히 우리의 '남편'이십니다.

이런 이미지들은 각각 하나님의 성품과 그분과 우리와의 관계의 속성들에 관한 중요하고도 다양한 면들을 시사해줍니다. 결혼은 그 고유한 속성상 하나님과 우리와의 관계를 보여주는 특별한 이미지입니다. 오직 결혼 관계만이 상호 배타적이며, 모든 인간관계들 중 가장 친밀한 관계입니다. '우리와 하나님과의 관계'를 '부부관계'라는 관점에서 묵상하는 일은 아주 중요합니다. 그 관계는 우리로 하여금 마음과 열정을 다해 그분을 사랑할 것을 요구합니다. 그것은 우리가 하나님을 향한 정조를 지키며, 다른 신들을 구하지 않아야 할 것을 상기시켜줍니다.

그리스도인으로서의 이러한 주제는 사도 바울의 서신인 에베소서 5:21-33에 가장 정확하게 표현되어 있습니다. 이 말씀에 대해서는 언급할 내용들이 많지만, 저는 특별히 31-33절까지를 오늘 설교의 마지막 부분으로 장식하고자 합니다.

"그러므로 사람이 부모를 떠나 그의 아내와 합하여 그 둘이 한 육체가 될지니 **이 비밀이 크도다 나는 그리스도와 교회에 대하여 말하노라** 그러나 너희도 각각 자기의 아내 사랑하기를 자신 같이 하고 아내도 자기 남편을 존경하라." (엡 5:31-33)

이 말씀은 실제로 창세기 2장에서 인용해온 것이며, 우리의 남편과 아내에 대한 사랑보다 훨씬 더 큰 사랑이 존재하고 있음을 상기시켜 줍니다. 그리고 그 사랑은 바로 '예수 그리스도 그분을 향한 사랑' 입니다. 우리 부부들의 관계가 견고하게 세워질 수 있는 기초는 바로 '그분과의 관계' 위에서 라는 것입니다.

다음 주일에는 이 점에 대하여 말씀을 드리려고 합니다. 잠언서를 살펴보면서, 특히 잠언 9:1-6을 통하여, 돈독한 부부관계를 확립하기 위해서는 먼저 '하나님과의 관계'를 견고히 해야만 한다는 사실을 생각해보도록 하겠습니다.

"결혼은 그 고유한 속성상 하나님과 우리와의 관계를 보여주는 특별한 그림입니다."

제2편 설교: 행복한 부부관계를 위한 비결
– '지혜' 여인을 사랑하라 < 잠언 9:1-6, 13-18 >

여러분들은 여러분의 결혼생활의 개선을 위한 수많은 조언들을 세상 속에서도 발견할 수 있을 것입니다. 부부들에게 소중한 도움들을 제공하고 있는 책들과 프로그램들이 많이 있기 때문입니다. 그러나 짐작건대, 잠언 성경에 기초한 다음과 같은 권고는 세상 그 어디에서도 들어보지 못했을 것입니다. <u>"당신의 배우자를 온전히 사랑하기 위해서는 '또 하나의 여인'을 더욱 더 열정적으로 사랑해야만 합니다."</u> 사실 남편들뿐만 아니라 아내들도 '이 여인'을 사랑해야만 합니다. 남편이 멀리 두 번째 사랑으로 여겨질 만큼 말입니다.

실제로, 결혼을 한 사람이건 하지 않은 사람이건, 모든 사람들이 '이 여인'을 자신의 인생의 '제1순위'로 삼아야할 필요가 있습니다. 따라서 오늘 설교는 특별히 부부들을 위한 것이지만, 미혼남녀들 또한 귀 기울여 들을 이유가 있습니다. 왜냐하면, 이 여인과의 관계야말로 여러분의 삶에 있어서 가장 중요한 인생 중대사이기 때문입니다.

자 이제 잠언서의 말씀으로 가보도록 하겠습니다. 하지만 오늘의 성경 본문을 읽기 전에, 먼저 잠언서에 대해 몇 가지 말씀을 드리고자 합니다.

잠언서의 배경 알기

잠언서는 실용적인 주제들을 많이 다루고 있는 성경입니다. 그리고 그것이 여러분들이 인생을 잘 사는 법에 대한 함축적인 조언들을 지닌 잠언서에 대해 알고 있는 내용일 것입니다. 잠언서의 말씀들은 일반적으로 가정생활에 대해 특히 결혼에 관해 많은 이야기들을 들려주고 있습니다. 잠언서는 그 서문에 따르면(1:1-7), 사람들을 지혜롭게 만들고자 하는 목적과 소원을 담고 있는 책입니다. 잠언서는 어리석은 자를 슬기롭게 하며, 슬기로운 자를 더욱 지혜롭게 하기를 원하고 있습니다.

잠언서를 대하면서, 우리는 먼저 그 책이 기본적으로 한 아들을 향한 한 아버지의 교훈이라는 사실을 인식할 필요가 있습니다. 그리고 이것은 이스라엘이나 이집트 그리고 메소포타미아와 같은 고대 근동 지역의 지혜서들의 전형적인 모습이기도 합니다. 하지만 잠언서만의 독특하고 흥미로운 점은 교훈을 하고 있는 아버지가 자신이 지금 자신뿐만 아니라 자신의 아내를 대신하여 아들에게 훈계하고 있음을 말하고 있다는 점입니다. 아들에게 말하고 있는 사람은 아버지이지만, 그의 교훈은 아버지인 자신과 동시에 자신의 아내인 어머니의 것이라는 사실입니다(1:8).

그리고 교훈을 받고 있는 대상이 아들이라는 사실은 잠언서의 가르침이 기본적으로 남성을 향한 것임을 의미하기도 합니다. 잠언서의 교훈이 젊은 남성을 그 대상으로 하고 있다는 사실을 염두에 두고 있는 것이 중요할 것입니다. 우리 중 나이가 좀 드신 분이나 여성분들은 잠언서의 가르침을 자신에게 적용하기 위해서는 좀 더 애를 쓰셔야할 것입니다. 물론 그 일은 가치 있는 일이 될 것이지만 말입니다. 우리는 우리 자신을 잠언서 속의 그 젊은 아들의 자리에 두어야 합니다. 우리 자신이 바로 지금 아버지에 의해 훈계를 받고 있는 아들이라고 생각해야 한다는 것입니다.

이런 자세는 모든 성경을 읽을 때마다 필요한 것입니다. 어떤 성경도 원래는 넓은 독자층을 상대로 쓰여지지 않았습니다. 성경은 일차적으로 언제나 성경이 쓰여진 그 시대의 사람들을 대상으로 하고 있었습니다. 예를 들어, '갈라디아서' 같은 경우를 보십시오. 그 성경은 제목에서도 볼 수 있는 것처럼, 그 당시의 갈라디아에 있는 교회 앞으로 쓰여진 것입니다. 갈라디아서는 오늘날의 우리가 추측함으로써만 짐작할 수 있는 갈라디아 교회내의 문제들을 다루고 있습니다. 그러나 그럼에도 불구하고, 그 서신서가 정경 속에 포함되어있다는 사실만으로도 우리는 갈라디아 교회에게 주어진 그 말씀들이 오늘날의 우리에게도 동일하게 주시는 하나님의 말씀이라는 것을 인정할 수 있게 됩니다.

'지혜' 여인을 사랑하고, '미련' 여인을 멀리하라

앞에서 말씀드린 것처럼, 잠언서는 '결혼'과 그 밖의 주제들에 대해 직접적이고도 실질적인 수많은 조언들을 해주고 있습니다. '지혜롭게 말하는 법', '어려운 사람들을 대하는 법', '돈을 다루는 법' 등등에 대해서 말입니다. 이 모든 주제들은 다른 인간관계들에서 뿐만 아니라 부부관계에서도 중요한 것들입니다. 그리고 이것이 잠언서가 일반적인 삶과 특히 결혼생활을 잘 살아가기 위한 위대한 지침서가 되는 이유이기도 합니다.

> "만약 당신이 잠언서의 아버지에게 결혼에 대해 그의 아들에게 가르친 가장 중요한 단 한 가지의 교훈이 무엇이냐고 묻는다면, 여러분들은 깜짝 놀랄 답변을 듣게 될 것입니다."

그러나 만약 당신이 잠언서의 아버지에게 결혼에 대해 그의 아들에게 가르친 가장 중요한 단 한 가지의 교훈이 무엇이냐고 묻는다면, 여러분들은 깜짝 놀랄 답변을 듣게 될 것입니다. 왜냐하면, 그 아버지는 자신의 아들에게 건강하고 행복한 결혼생활의 비결이란 아내보다도 '또 다른 한 여인'을 열정을 다해 사랑하는 것이라고 말할 것이기 때문입니다.

다시 한번 기억하십시오. 우리가 잠언서를 대할 때, 우리 자신이 그 아들이 되어야 한다는 것을 말입니다. 따라서 여러분이 미혼자이건 기혼자이건, 혹은 여성이건 남성이건 간에, 여러분 자신을 이 아들이라고 생각해야 합니다. 당신이 누군가의 남편이나 아내일지라도, 당신은 '이 여인'을 당신의 배우자보다도 더 사랑해야만 합니다. 또 당신이 아직 결혼을 하지 않은 총각 처녀인 경우에도, '이 여인'을 당신의 애인이나 그 누구보다도 더 사랑해야만 한다는 사실입니다.

그렇다면, '이 여인'은 과연 누구일까요? 그녀의 이름은 바로 '지혜' 입니다(원어성경에는 '지혜' (wisdom)가 '여인' (woman)으로 지칭되고 있음). 그녀는 성문 가장 높은 곳에 있는 자신의 집에서 사람들에게 큰 소리로 외칩니다. 잠언서 9:1-6을 다함께 읽어보십시다.

"**지혜가** 그의 집을 짓고 일곱 기둥을 다듬고 짐승을 잡으며 포도주를 혼합하여 상을 갖추고 자기의 여종을 보내어 **성중 높은 곳에서 불러 이르기를 어리석은 자는 이리로 돌이키라** 또 지혜 없는 자에게 이르기를 너는 와서 내 식물을 먹으며 내 혼합한 포도주를 마시고 **어리석음을 버리고 생명을 얻으라 명철의 길을 행하라** 하느니라."

이 말씀 속에서 젊은이들은 '지혜'의 집으로 와서 먹고 마시라는 초청을 받고 있습니다. 고대 근동 지역에서 이러한 초대는 단순히 음식을 먹고 즐기는 그 이상을 의미하는 것입니다. 한 남자와 한 여자가 함께 식사를 같이 한다는 것은 가장 친밀한 교제 관계로의 발전을 암시하는 것이기 때문입니다. 이 말씀은 4:4-9 ("……지혜를 버리지 말라 그가 너를 보호하리라 그를 사랑하라 그가 너를 지키리라……") 등에 나오는 '지혜' 여인을 사랑하라는 아버지의 교훈과도 일맥상통하는 것입니다.

사실 잠언서 1-8장은 바로 이 9장에서 절정에 이르고 있습니다. 그리고 잠언서의 초반부인 이 부분에서 내내 아버지는 집중적으로 자신의 아들에게 '두 길 신학(two-path theology)'이라는 논법을 사용하여 훈계를 하고 있습니다. 길에는 생명으로 인도하는 '옳은 길'이 있고, 사망으로 인도하는 '굽은 길'이 있다는 것입니다. 아버지는 계속해서 아들에게 '옳은 길'을 걸을 것을 당부하고 있습니다. 여기 9장에서의 '옳은 길'은 젊은이들로 하여금 '지혜' 여인이 만찬의 자리로 그들을 초청하고 있는 그녀의 높은 집으로 이끌고 있습니다.

하지만 9장이 잠언서에서 '지혜' 여인이 등장하는 첫 번째 자리는 아닙니다. 우리는 그녀의 목소리를 잠언서 1:20-33에서 처음으로 들을 수 있습니다. 그리고 아버지는 자신의 아들에게 이 여인에 대한 계속적인 칭찬을 아끼지 않습니다. 그러나 우리가 이 '지혜' 여인에 대해 가장 많이 배우게 되는 것은 잠언서 8장에서입니다. 8장에는 간단한 도입부 후에(8:1-11), '지혜' 여인이 직접 그녀 자신에 대해 긴 자기소개를 하고 있는 장면이 나옵니다(8:12-36). 그리고 그것은 참으로 인상적인 내용입니다. 짧게 몇 가지만 요약해서 말씀드리면 다음과 같습니다.

1. '지혜'는 '선'과 한편이며, '악'을 미워한다.
2. '지혜'는 천지가 창조되기 전부터 존재하고 있었으며, 하나님께서 세상을 지으시는 모습을 지켜보고 있었다. 그리고 이 사실은 사람들이 하나님께서 창조하신 세상 속에서 어떻게 살아가야 하는지에 대한 방법을 그녀가 알고 있다는 것을 의미한다.
3. '지혜'는 그녀의 말에 귀 기울이는 자들에게 명철과 통찰력을 나누어준다. 그리고 그

런 자들은 '기쁨'과 '생명'을 경험하게 될 것이다. 반면, 그녀를 거부하는 자들은 '고통'과 '죽음'을 맞이하게 될 것이다.

그렇다면, 이 '지혜' 여인은 과연 누구일까요? 이 질문에 답하기에 앞서, 우리는 먼저 그녀의 적수를 주목해볼 필요가 있습니다.

잠언서 9장에서 사람들을 자신의 만찬석상으로 초대하고 있는 여인이 단지 이 '지혜' 여인만이 아니기 때문입니다. '미련'이라고 하는 또 다른 여인 역시 자신의 목소리를 높이고 있습니다. 그녀의 소리를 한번 들어보십시오.

"**미련한 여인이** 떠들며 어리석어서, 아무것도 알지 못하고 자기 집 문에 앉으며 **성읍 높은 곳에 있는 자리에 앉아서** 자기 길을 바로 가는 행인들을 불러 이르되 어리석은 자는 이리로 돌이키라 또 지혜 없는 자에게 이르기를 **도둑질한 물이 달고 몰래 먹는 떡이 맛이 있다** 하는도다 오직 그 어리석은 자는 죽은 자들이 거기 있는 것과 그의 객들이 스올 깊은 곳에 있는 것을 알지 못하느니라." (잠 9:13-18)

'미련' 여인 또한 사람들을 즉 우리를 자신의 식사 자리로 초청하고 있습니다. 다시 말해서, 그녀 역시 우리와 친밀한 교제를 원하고 있다는 것입니다. 그녀는 우리에게 '즐거운 향연'을 약속하고 있습니다. '달고 맛있는' 향연을 말입니다.

이 '두 여인들'은 과연 누구일까요?

이 본문들은 난해한 듯 하면서도 분명합니다. '지혜' 여인과 '미련' 여인의 정체를 밝히는 열쇠는 그녀들이 살고 있는 집들의 위치에 있습니다. 그녀 둘 다 모두 "성읍 높은 곳"에 살고 있습니다.

그런데 이스라엘과 같은 고대 근동 지역에서, 누구의 집이 '성읍 높은 곳'에 있었을까요? 예 바로 '하나님의 집'입니다. 그리고 '신전'들입니다. 예를 들면, 예루살렘 성전이 시온산에 있었습니다. 메소포타미아 지역(오늘날의 이라크)에는 자연적인 높은 산들이 없었습니다. 따라서 사람들은 '지구라트(ziggurat)'라고 불리는 계단식 형태의 피라미드를 만들고 그 높은 곳에 신전들을 세웠습니다.

다시 말하자면, '지혜'라는 여인은 '하나님의 지혜'를 상징하며, 궁극적으로는 '하나님 그분 자신'을 의미합니다.

반면에, '미련'이라는 여인은 하나님의 백성들을 '참 신'이신 하나님으로부터 떼어놓으려고 유혹하는 '거짓 신들' 즉, '우상들'을 대표하고 있습니다.

따라서 잠언서의 핵심부인 1-9장까지 나오는 아들을 향한 아버지의 훈계의 끝자락에서 그리고 10-31장까지의 간명한 잠언들의 긴 행진 앞에서, 우리의 가장 중대한 선택의 기로에 서게 됩니다. '지혜' 여인 즉 '하나님'과의 관계 속으로 들어갈 것인가 아니면 '미련' 여인 즉 '우상'과의 관계 속으로 들어갈 것인가 하는 갈림길에 말입니다. 그리고 이것은 여러분의 '생사'를 결정짓는 선택이 될 것입니다.

결혼에 관한 잠언서의 가르침을 생각하게 될 때, 우리는 우선적으로 다음의 사실을 인정해야만 합니다. 남편들로서의 우리는 '또 한 여인'을 사랑해야만 우리의 아내를 올바로 사랑할 수 있게 되고, 아내들로서의 우리 역시 우리의 남편을 사랑하기 이전에 먼저 '이 여인'을 사랑해야만 한다는 사실입니다. 잠언서는 이와 동일한 진리를 1:7에서 이렇게 달리 선포하고 있습니다.

"여호와를 경외하는 것이 지식의 근본이어늘 미련한 자는 지혜와 훈계를 멸시하느니라."

건강하고 행복한 결혼생활의 첫걸음은 마음을 다해 '하나님'을 사랑하는 것이며, '우상'을 거부하는 것입니다.

> "남편들로서의 우리는 '또 한 여인'을 더 사랑해야만 우리의 아내를 올바로 사랑할 수 있게 되고, 아내들로서의 우리 역시 우리의 남편을 사랑하기 이전에 먼저 '이 여인'을 더욱 더 사랑해야만 한다는 사실입니다."

'예수 그리스도'와 '지혜' 여인

　이 핵심 진리를 마음에 새긴 채, 우리는 잠언서 9장의 선택을 신약 성경의 관점에서 읽을 수 있어야 합니다. 신약 성경이 주는 놀라운 계시는 예수 그리스도께서 구약 성경을 성취하신 분이시라는 사실입니다. 잠언서에 대하여, 신약 성경은 우리가 '예수 그리스도'와 '지혜' 여인을 동일시해야만 한다는 점을 분명하게 해주고 있습니다.

　결국 '하나님의 지혜와 지식의 모든 보고'가 바로 '예수 그리스도' 이시기 때문입니다(골 2:3). 그리고 이것이 예수님께서 골로새서 1:15-20(그는 보이지 아니하시는 하나님의 형상이요 모든 창조물보다 먼저 나신 자니······) 이나 요한복음 1장(태초에 말씀이 계시니라 이 말씀이 하나님과 함께 계셨으니······) 등의 본문들에서 특히 잠언서 8장에 표현되어 있는 것과 같은 비슷한 언어들로 묘사되어지고 계신 이유입니다. 또한 마태복음 11:19은(인자는 와서 먹고 마시매······세리와 죄인의 친구로다 하니 지혜는 그 행한 일로 인하여 옳다 함을 얻느니라) 예수님께서 직접 당신의 행동들을 '지혜' 여인의 행동들로 암시하시고 계신 구절로서도 주목해보실 필요가 있습니다.

　제 말씀의 요지는 그리스도인에게 있어서, 잠언서 9장에 나오는 '지혜' 여인과 '미련' 여인 사이의 선택은 바로 '예수 그리스도'와 우리 삶에 있어서 우리의 강력한 우상이 될 수 있는 '온갖 매력적인 것들' 사이의 선택으로 이해되어져야만 한다는 것입니다.

　행복한 결혼생활을 원하십니까? 먼저 예수 그리스도 그분과의 더욱 돈독한 관계를 세워나가십시오! 그리고 당신의 배우자에게도 그렇게 할 것을 권고하십시오!

'이상적인 아내: '지혜' 여인의 화신(잠 31:10-31)

　이러한 배경지식을 가지고서 이번에는 '이상적인 아내상'에 대한 잠언서의 말씀을 한 번 살펴보도록 하겠습니다. 그녀는 '덕스럽고 유능한' 여성이자 아내입니다.

　저는 이 말씀을 읽을 때마다, 저 혼자 이렇게 말하곤 합니다. "우와, 정말 대단한 여인이야!" 저는 가끔 "누가 이런 현숙한 여인을 찾아 얻겠는가?" 라는 질문에 대한 답은 "아무도 없다." 일 것이라고 생각하기도 합니다. 왜냐하면, 이런 기준에 도달할 수 있는 여인은 없을 것이기 때문입니다.

여기에서 잠언서 31:10-31 말씀의 그 풍성한 내용들을 속속들이 다 파헤치는 것이 오늘 설교의 목적은 아니기 때문에, 저는 몇 가지 요점들만을 언급하고, 나머지 내용들은 여러분들 각자의 몫으로 남겨놓고자 합니다.

1. 이런 형태의 시는 흥미롭고도 인상적입니다. 학자들은 이런 시를 '두자체시(頭字體詩, acrostic)' 라고 부릅니다. 잠언서의 이 시는 매 구절의 첫 글자가 히브리어 알파벳의 순서대로 시작이 됩니다. 이것은 마치 매 절이 영어의 A, B, C... 순서로 시작되는 것과 같습니다. 다시 말하면, '현숙한 여인' 에 대한 총체적이고 완벽한 묘사인 것입니다.

2. 이 시는 복합적이고도 이상적인 아내상을 표현하고 있습니다. 하지만 저는 이것이 모든 여성들이 따라야만 하는 '아내의 청사진' 과 같은 것은 아니라고 생각합니다. 이 말씀들 중 어떤 부분은 '요구 사항' 이기도 하지만 그 대부분은 '허락 사항' 입니다. 예를 들면, 모든 여성들이 이 여인처럼 가정일도 하면서 사업도 병행해야만 하는 것은 아니라는 뜻입니다.

3. 하지만 잠언서 31장의 말씀은 고대 이스라엘 여성들에 관한 고정관념을 무너뜨리고 있습니다. 그리고 그것은 현대 그리스도인 여성에 대한 생각에도 마찬가지입니다. 이 여인은 자신의 가정에서뿐만 아니라 사회 공동체 속에서도 그리고 사업에 있어서도 주도권을 쥐고 활발하게 활동하고 있습니다. 모든 여성들이 상업과 사업에서 수완을 발휘해야만 하는 것은 아니지만, 이 본문은 여성의 그러한 '사회 참여' 를 허용하고 있는 입장입니다. 또 어떤 분들은 이 여인이 한 일이란 그저 자신의 가정과 관련된 상업 행위를 한 것일 뿐, 뭐 대단한 사업을 한 것은 아니라고 말할지도 모르겠습니다. 하지만 저는 그 시대의 사업 형태들이 대부분 그러했다는 사실을 지적해드리고 싶습니다.

그 당시는 오늘날과 같이 사무실을 여러 나라나 시내 중심가의 이곳저곳에 두고 있는 '다국적 기업' 들을 운영하던 때가 아니었습니다.

4. 이 현숙한 여인은 자신의 가족들을 돌봅니다. 그녀는 단지 자기 자신의 행복이나 사업

의 목표만 추구하지 않습니다. 그녀가 노력하는 목표는 가정의 더 나은 행복입니다. 그리고 그런 아내로부터 남편은 유익을 얻습니다. 그녀는 남편에게 선을 가져오고, 해를 끼치지 않습니다.(잠 31:12) 그녀는 아침 일찍 일어나 가족들을 위해 아침을 준비합니다. 그리고 항상 미래를 생각하고 살기 때문에 어려움이 찾아올 때도 대처가 가능합니다. 그녀의 일은 남편의 일까지도 번성하도록 도움을 줍니다. 그리고 남편은 그런 아내를 성문에서 칭찬합니다. 자녀들 또한 그녀를 칭송합니다.

5. 하지만 가장 중요한 것은 이 현숙한 여인이 하나님을 사랑한다는 것입니다. 30절은 직설적으로 이렇게 말씀합니다.

"고운 것도 거짓되고 아름다운 것도 헛되나 오직 여호와를 경외하는 여자는 칭찬을 받을 것이라."(잠 30:30)

이 마지막 말씀은 이 시의 나머지 부분들에 대한 기초가 되고 있습니다. 이 말씀은 '고움'과 '아름다움'을 원래의 자리로 되돌려 놓고 있습니다. '외적인 아름다움'은 악한 것도 아니고, '매력'이 반드시 사람을 현혹하는 것이 될 필요도 없습니다. 그러나 그것들이 그렇게 될 때, 그것들은 무시의 대상이 되어야 합니다. 참된 아름다움과 매력은 당연히 칭찬받아 마땅합니다. 그러나 오직 참될 때뿐입니다. 하나님께 대한 믿음과 사랑이 없는 아름다움과 매력은 완전히 무가치한 것입니다. 오직 혐오스러운 것일 뿐입니다.

> "'큰 긍휼의 마음'과 상처 입은 '소외된 세상을 품는 용기'와 무엇보다도, '하나님을 향한 경외의 인격'은 모든 여성들과 아내들이 목표로 삼아야할 본보기입니다."

잠언서 31:10-31은 '현숙한 여인'이자 '경건한 아내'에 대한 칭송의 시입니다. 그 묘사가 생동감 있는 이유는 특정한 문화와 사회 속에 살고 있는 실제적인 여성을 모델로 하고 있기 때문입니다. 이 여인의 '큰 긍휼의 마음'과 상처 입은 '소외된 세상을 품는 용기'와 무엇보다도 '하나님을 향한 경외의 인격'은 모든 여성들과 아내들이 목표로 삼아야 할 본보기입니다.

'이상적인 남편: 시편 112편'

잠언서는 젊은 아들을 향한 훈계라고 말씀드렸습니다. 그래서 가끔 저는 여성들이 잠언서를 읽는 데에 어려움을 느낄 수도 있겠다고 생각을 합니다. 그런데 잠언 31장에 대응되는 말씀이 있다는 것을 아십니까? 바로 시편 112편입니다. 이 시편은 하나님을 경외하는 경건한 남성에 대한 총체적인 묘사를 담고 있는데, 잠언 31장과 같이 '두자체시(頭字體詩)' 형식을 띠고 있습니다.

시편 112편 역시 가장 중요한 자리를 '하나님 경외'에 내어주고 있습니다(1절). 하나님을 경외하는 경건한 사람은 다른 사람들을 두려워하지 않습니다. 왜냐하면, 그는 오직 하나님만을 두려워하기 때문입니다. 하나님을 두려워하는 마음 앞에서 다른 모든 두려움들은 그 빛을 잃어버리게 됩니다. 경건한 사람은 하나님 이외의 그 누구도, 그 무엇도 무서워하지 않습니다.

시편 112편은 하나님 경외를 그분의 명령에 순종하는 일과 연결을 짓고 있습니다. 시편 112편의 시작은 시편 1편의 시작과도 유사합니다. 두 말씀 다 "복있는 사람은(Blessed is the man...)"으로 그 서막을 열고 있으며, 하나님의 율법을 지키는 사람에 대해 진술해 주고 있습니다.

신약 시대를 살고 있는 우리 그리스도인들은 이 말씀들을 '은혜'라고 하는 시각을 통해서 읽게 되지만, '율법'은 여전히 그리스도인의 삶속에서 중요한 역할을 하고 있습니다. 율법은 우리를 향하신 '하나님의 뜻'의 표출입니다. 쉽게 말해, 좁게는 십계명으로 압축될 수 있는 율법은 우리에게 하나님을 기쁘시게 하는 삶의 방식을 가르쳐주고 있다는 것입니다. 율법은 우리가 하나님의 은혜에 감사하는 삶을 사는 방법을 제시해주는 지침과도 같습니다.

> "경건한 사람은 '말씀 중심의 사람' 입니다. 그는 하나님의 말씀을 사랑하여, 삶의 원칙과 열정 그리고 소망을 그 말씀의 계시로부터 얻습니다."

시편 112편은 그렇게 감사하며 사는 사람을 묘사해주고 있습니다. 그는 하나님과의 관계를 최우선 과제로 삼고 있으며, 하나님의 법을 기쁨으로 준수함을 통해 자신의 감사를 표현합니다. 경건한 사람은 '말씀 중심의 사람' 입니다. 그는 하나님의 말씀을 사랑하여, 삶의 원칙들과 열정 그리고 소망을 그 말씀의 계시로부터 공급받습니다.

잠언서의 '경건한 여성' 처럼, 시편의 '경건한 남성' 또한 미래에 대한 흔들리지 않는 담대함을 가지고 있습니다. 이러한 확신은 인생을 '전쟁터' 로 비유하고 있는 시편들 속에서도 변함이 없습니다. 이 남성은 자신과 자신 주변의 사람들을 파멸시키기 위해 다가오는 어둠의 세력들과 맞설 준비를 갖춘 채로 매일 매일의 삶에 뛰어드는 '용사' 입니다. 그는 자신이 안전함을 확신합니다. 결국에는 하나님께서 자기에게 승리를 주실 것을 알고 있기 때문입니다.

오늘날 이런 용맹함을 가지고 있는 남성들이 지극히 적습니다. 우리는 요즘의 세상이 고대 이스라엘인들이 살았던 그 당시보다 더 위험해지고, 복잡해지고, 어려워졌다고 느낍니다. 이것은 어떤 면에서는 사실입니다. 그러나 또 다른 면에서는 그렇지 않습니다. 고대인들은 생존 자체와 가족의 안전을 위협하는 수많은 적대 세력들에 휩싸여 있었습니다. 예고도 받지 못한 기근의 습격을 당할 수도 있었고, 거의 항상 전쟁에 시달려야 하기도 했습니다. 때론 전염병들의 공격에 몰살당할 위험에 처하기도 하고, 부패하고 횡포한 정부 관리들에 의해 생명을 빼앗길 수도 있었습니다. 그럼에도 불구하고, 시편 112편의 경건한 남성은 이런 흉흉한 소식들을 두려워하지 않습니다. 그는 하나님만을 두려워하기 때문입니다. 여기서 시편 말씀이 인생에는 '나쁜 소식들' 과 '고통' 들이 있을 수 있음을 전제하고 있는 사실에 주목하십시오(7절). 그러나 하나님을 향한 신뢰가 그로 하여금 두려움 없이 인생길을 걸어가게 합니다.

또한 그는 두려움이 없고 미래에 대한 자신감이 있다고 해서, 자신의 부를 움켜쥐고 있는 탐심의 사람이 아니었습니다(9절). 잠언서 31장의 '경건한 여성' 처럼, 이 '경건한 남성' 역시 가난한 사람들에게 자신의 손을 펼 줄 아는 자비로운 사람이었습니다.

다시 또 다시 말씀드리지만, 잠언서는 집중적으로 우리에게 다음의 권면을 던져주고 있습니다. "행복한 부부관계를 가꾸어가기 원하는가? 그렇다면, 남편과 아내들이여, 개인적으로 그리고 부부 공동으로 하나님과의 신실하고도 깊은 관계를 먼저 가꾸어가라!" 하나님을 경외한다는 것은 당신이 이 우주에서의 당신의 본래 자리를 인식하고 있다는 사실을 보여주는 것입니다. 다시 말해, 당신이 '피조물'이며, 모든 것을 당신의 '창조주께 의존해야만 하는 존재' 라는 사실을 인정하고 있다는 것입니다.

왜 우리의 부부관계를 그리스도와의 관계 위에 기초를 세우는 일이 그렇게 중요한 것일까요? 결국 우리의 배우자는 우리를 실망시키게 될 것이기 때문입니다. 만약 우리가 우리 삶에 있어서 남편이나 아내를 하나님보다 더 높은 자리에 올려놓게 될 때, 우리는 결코 우리의 기대를 다 채워줄 수 없는 '우상'을 만들어내고 있는 것입니다. 잠언 31장과 시편 112편은 우리가 기도하며 도달하기 위해 애써야 할 이상(理想)들이지만, 또 한편으론 이 땅에서는 인간이 완벽하게 이루어낼 수 없는 것들이기도 합니다.

우리는 회심 후에도 어떤 면에서는, 여전히 '죄인' 들이며, 우리의 죄는 우리의 배우자들에게 해를 가하게 되어있습니다. 우리를 결코 실망시키지 않을 '지혜' 여인 즉, '하나님' 그분 자신과의 견고한 관계만이 '두 죄인들' 간의 밀접한 관계로부터 비롯되는 온갖 '폭풍' 들을 견디어낼 능력을 우리에게 줄 수 있습니다. 그뿐 아니라, 하나님과의 관계는 우리가 서로 회개하고 서로를 용서함으로써 함께 성숙해갈 수 있는 힘을 공급해 줄 것입니다. 부부는 서로를 '지혜' 그 자체이신 예수 그리스도 그분처럼 되기를 소원하는 삶의 궁극적인 목표를 향해 나아가도록 이끌어주어야 합니다.

> "지혜를 얻는 것이야말로 당신이 할 수 있는 가장 지혜로운 일입니다. 무슨 일을 하든지 분별력을 얻도록 하십시오. 당신이 지혜를 가장 소중하게 여긴다면, 그 지혜가 당신을 소중한 사람으로 만들어줄 것입니다."

이제 '지혜' 여인을 인생의 사랑의 대상으로 삼을 것을 아들에게 강력히 권고하고 있는 아버지의 훈계를 끝으로 오늘의 설교를 마치고자 합니다. 잠언 4:1~9까지의 말씀입니다.

"아들들아 아비의 훈계를 들으며 명철을 얻기에 주의하라 내가 선한 도리를 너희에게 전하노니 내 법을 떠나지 말라 나도 내 아버지에게 아들이었으며 내 어머니 보기에 유약한 외아들이었노라 아버지가 내게 가르쳐 이르기를 내 말을 네 마음에 두라 내 명령을 지키라 그리하면 살리라 지혜를 얻으며 명철을 얻으라 내 입의 말을 잊지 말며 어기지 말라 지혜를 버리지 말라 그가 너를 보호하리라 그를 사랑하라 그가 너를 지키리라 지혜가 제일이니 지혜를 얻으라 네가 얻은 모든 것을 가지고 명철을 얻을지니라 그를 높이라 그리하면 그가 너를 높이 들리라 만일 그를 품으면 그가 너를 영화롭게 하리라 그가 아름다운 관을 네 머리에 두겠고 영화로운 면류관을 네게 주리라 하셨느니라."

제3편 설교: 사랑을 회복하라 < 아가서 4:1-5:1 >

오늘 아침 함께 읽으실 말씀은 아가서입니다. 아직 아가서 성경을 읽어보지 않으신 분들이 있으시다면, 마음의 준비를 단단히 하셔야 할 것입니다. 왜냐하면, 오늘 말씀은 상당히 '선정적'으로 들릴 수 있기 때문입니다. 사실 아가서는 너무 '감각적'이어서 많은 목회자들이 설교하기를 꺼려하는 성경 본문이기도 합니다.

그러나 아가서를 설교하지 않는 것은 실수입니다. 강단에서 아가서가 설교되지 않기 때문에 오늘날의 그리스도인들이 성에 대한 혼란을 겪고 있는 것인지도 모르겠습니다.

우선, 분명한 사실들부터 짚고 넘어가고자 합니다. 하나님께서는 아가서를 '정경 (canon)' 속에 두셨습니다. 그리고 이 사실은 아가서가 교회, 즉 성도들을 위한 것이라는 뜻입니다. 우리는 모든 하나님의 말씀을 설교하고 들어야만 합니다. 특히 우리를 '불편하게' 만드는 그런 말씀들까지 포함해서 말입니다. 두 번째로, 아가서는 부부간의 성을 하나님께서 얼마나 적극적으로 그리고 귀하게 바라보고 계시는지를 보여줍니다. 만약 교회가 세상 문화의 '성 우상숭배주의'와 싸우기를 원한다면, 단순히 성을 억압하거나 억제해서만은 그 일을 이룰 수가 없습니다. 교회는 결혼 안에서의 건강하고 행복한 성에 관한 성경의 관점을 제시함으로써만 성을 우상시하는 이 세상 풍조와 맞설 수가 있습니다. 그리고 아가서는 바로 이 전쟁을 위해 예비된 하나님의 책략입니다.

창세기 2:24의 공부를 통해서 우리는 이미 하나님께서 결혼을 세 부분으로 계획해두셨음을 살펴보았습니다. 그 세 부분이란 '떠나기'와 '연합하기' 그리고 '한 몸 되기'입니다. 그런데 아가서는 결혼의 절정인 '한 몸 되기'를 축하하고 축복하는 성경입니다.

아가서는 단지 결혼한 부부들만을 위한 것이 아니라, 교회 전체를 위한 책입니다. 하지만 이 책이 불러일으키는 사랑의 감정들을 따라서 행동해도 좋은 사람들은 오직 부부들뿐이라는 것 또한 사실입니다. 그러나 그렇다 하더라도, 미혼자들 역시 아가서를 통해 결혼에 대해 배우는 일은 큰 유익이 될 것입니다. 실제로도 아가서에는 미혼자들도 출현을 하고 있습니다. 그들은 이따금씩 노래를 하기도 하는데, 바로 '예루살렘의 딸들'이라고 불리는 일단의 젊은 처자들입니다.

아가서에는 세 인물들의 목소리만이 등장을 합니다. 익명의 한 신랑의 목소리와 한 신부의 목소리 그리고 예루살렘 딸들의 목소리입니다. 그리고 그 중 예루살렘 딸들의 목소리는 아가서 속에서 한 가지 이상의 기능을 하고 있는데, 그 중요한 역할은 이들이 사랑에 있어서 신부의 '제자' 노릇을 하고 있다는 것입니다. 신부는 자신의 행동이나 말들을 통해서 성의 기쁨과 위험성에 대해 그 젊은 처자들에게 가르침을 줍니다. 한 번 이상을 신부는 그 처녀들을 향해 3:5에서처럼 말을 합니다.

"**예루살렘 딸들아** 내가 노루와 들사슴을 두고 너희에게 부탁한다 사랑하는 자가 원하기 전에는 흔들지 말고 깨우지 말지니라."

따라서, 아직 결혼을 하지 않은 처녀 총각들도 아가서를 통해 듣고 배우십시오. 그리고 하나님의 때를 기다리십시오.

자 이제 다시 초점을 부부들에게로 돌리겠습니다. 여러분들은 모두 똑같지 않습니다. 어떤 분들은 지금 부부관계가 성적인 면까지 모두 포함하여 아주 만족스러운 상태에 있을 수도 있습니다. 그렇다면, 아가서는 당신 부부의 기쁨을 더욱 풍성하게 해줄 촉매제가 될 것입니다. 그러나 또 다른 분들은 부부관계의 사랑의 불꽃이 사그라져버린 상황일 수도 있습니다. 그렇다면, 더욱 아가서의 말씀에 귀를 기울이고, 꺼져버린 부부 사랑의 열정에 다시금 불을 붙이는 일에 그 말씀들을 적용할 필요가 있습니다.

요점은 당신이 '미혼자' 이건, '이혼자' 이건, '미망인' 이건, 결혼한 지 하루가 된 '신혼부부' 건, 아니면 오십 년 된 '구혼 부부' 이건 간에, 성은 당신 인생에 있어서 큰 비중을 차지하고 있는 삶의 요소라는 사실입니다. 우리 모두는 성에 대해 일종의 압박감이나 긴장감 혹은 혼동스런 감정들을 느낍니다. 세상은 이렇게 말합니다. "모든 성적인 억압으로부터 해방되라!" 반면에 교회들은 흔히 성을 억제하라는 설교나, 때론 성과 육체는 영적인 일에 방해가 될 뿐이라는 메시지를 노골적으로 전해주고 있습니다. 하지만 이 두 가지 견해 모두에 대해 아가서 성경은 올바른 해답을 제시해 줄 것입니다.

> "요점은 당신이 '미혼자' 이건, '이혼자' 이건, '미망인' 이건, 결혼한 지 하루가 된 '신혼부부' 건, 아니면 오십 년 된 '구혼 부부' 이건 간에, 성은 당신 인생에 있어서 큰 비중을 차지하고 있는 삶의 요소라는 사실입니다."

아가서 이해하기

먼저 아가서 4:1-5:1을 읽어보십시오.

아가서의 모든 부분을 다 이해할 수 있기 위해서는 그 책 전체에 대한 사전 지식이 좀 필요합니다. 수세기 동안 아가서는 하나의 '비유'로 받아들여져 왔습니다. 즉, '인간의 사랑 이야기'가 아닌 당신의 백성을 향하신 '하나님의 사랑 이야기'로서 말입니다. 유대인들은 아가서를 이스라엘에 대한 하나님의 사랑의 표현으로서 여겨왔습니다. 아가서 속의 '신부'는 곧 '이스라엘' 자신들이고, '신랑'은 곧 '하나님' 그분 자신이라고 생각했던 것이지요. 그들은 아가서의 세부사항들을 읽을 때마다 이 기본 구조에 맞춰 그것들을 해석했습니다. 한 예로, 1:2-4의 말씀을 보면 이렇습니다.

"나에게 입맞춰 주세요. 숨막힐 듯한 임의 입술로. 임의 사랑은 포도주보다 더 달콤합니다. 임에게서 풍기는 향긋한 내음, 사람들은 임을 쏟아지는 향기름이라고 부릅니다. 그러기에 아가씨들이 임을 사랑합니다. 나를 데려가 주세요, 어서요. 임금님, 나를 데려가세요, 임의 침실로. 우리는 임과 더불어 기뻐하고 즐거워하며, 포도주보다 더 진한 임의 사랑을 기리렵니다. 아가씨라면 누구나 임을 사랑할 것입니다." 〈표준새번역〉

여기서 우리는 '신랑'에게 자신을 '그의 침실'로 데려가 달라는 '신부'를 보게 됩니다. 그런데 유대인들은 '신랑'을 곧 '하나님'으로, '신부'를 '자기들'로, 그리고 '그의 침실'을 하나님께서 약속하신 '가나안 땅'으로 이해를 하고 있었다는 것입니다. 그래서 이 시는 순식간에 이스라엘의 '출애굽'을 묘사하는 시로 변해버리고 맙니다.

또 기독교 성경학자들은 '신랑'을 '예수님'으로, '신부'를 '교회'나 '성도 개인'으로 이해하고 있었습니다. 그들은 세부적인 내용들을 들어 그 사실을 강조했습니다. 예를 들면, 1:13과 같은 구절입니다. "사랑하는 그이는 나에게 가슴에(between my breasts) 품은 향주머니라오.〈표준새번역〉." 여기서 '향주머니'는 알렉산드리아의 키릴로스(Cyril of Alexandria, 대략, 주후 200년경의 인물)의 해석 이후, 구약과 신약이라는 '양 가슴(two breasts)'을 이어주는 '그리스도'를 지칭하는 표현으로 기독교 학자들 사이에서 받아들여져 왔습니다.

하지만 오늘날 대부분의 사람들은 이러한 해석들을 지나친 비약이라고 생각할 것입니다. 그렇다면, 무엇이 이토록 해석상의 큰 비약을 만들어낸 것일까요? 아마도 기독교 성경학자들은 아가서의 '성적인' 내용들에 의해 충격을 받은 것 같습니다. '육체'와 '영혼'을 서로 분리된 별개의 것으로 주장하는 플라톤주의('육체'는 악하고, '영혼'은 선하다고 여김)의 영향 아래 살다보니, 그들은 아가서가 표현하고 있는 사실적인 내용들을 다른 어떤 것으로 바꿔 이해해보려는 '비유'라고 하는 해석법을 채택해야만 했던 것 같아 보입니다.

그렇지만 요즈음엔 이러한 견해를 취하는 신학자나 성경학자들을 찾기란 어렵습니다. 이제 사실 거의 모든 사람들이 아가서는 한 남자와 한 여자의 사랑을 기뻐하는 혹은 중간중간 남녀 간의 사랑의 위험성에 대해 경고해주기도 하는 시라는 사실에 동의하고 있습니다.

그러나 여기에도 또 다른 논란이 있습니다. 아가서가 하나의 '이야기(story)'인가 아닌가 하는 점입니다. 아가서를 한 특정 남녀의 '이야기', 즉 그들이 서로 만나고, 교제하고, 결혼하고, 신혼여행을 떠나고 하는 등등의 줄거리를 말해주고 있는 '이야기'로 이해하는 해석들이 대세를 차지하고 있습니다. 하지만 아가서에 관한 다른 이야기들은 해석자들의 숫자만큼이나 많습니다. 그 이유는 아가서와 같은 '사랑시'를 가지고서 '이야기'를 지어내는 일은 결코 어려운 일이 아니기 때문입니다.

따라서 아가서를 있는 그대로 인정하는 일이 훨씬 나을 것 같습니다. 하나의 '시(poem)'로써 말입니다. '시집(a collection of poems)'이라고 하면 더 좋을 것 같고요. 아가서는 사랑을 노래하는 '사랑시'입니다. 그리고 우리의 임무는 그 시가 사용하고 있는 많은 이미지들을 바르게 해석하여 우리의 결혼생활에 그것들을 적용하는 것입니다. 오늘 그 일을 아가서 4:1-5:1을 통해서 한번 해보고자 하는 것입니다.

사랑의 '묘사시'

아가서 4:1-5:1은 특별한 형태의 '사랑시'입니다. 여러분은 이런 형식의 시가 현대에까지 이어져오고 있다는 사실에 흥미를 느끼실 것입니다. 이러한 형태의 시를 학자들은 '와스프(wasf)'라고 부릅니다. 이것은 '묘사시'입니다. 이것은 아라비아 지역에서 결혼식에 신랑과 신부의 육체적인 결합을 위한 전주곡으로서 부르는 시입니다. 이 시를 통해 신랑은 신부의 아름다움을 머리에서 발끝까지 묘사하게 됩니다. 아가서의 다른 곳에서도 신부가 자신의 신랑이 얼만 멋진 남자인지를 위에서부터 아래까지 묘사하고 있는 시를 찾아볼 수 있습니다.

아가서 4:1-5:1에 나와있는 이미지들을 해독함에 있어서 우리는 그것들이 좀 낯설고, 별스럽기까지 하다는 인상을 받게 됩니다. 물론 그런 표현들을 우리의 배우자에 대한 칭찬의 말들로 우리가 똑같이 사용해야만 하는 것은 아닙니다. 하지만 그것들은 우리의 아내와 남편이 얼마나 매력적인 존재인지를 우리가 말해줌으로써 그들을 세워주는 것이 성경적이라는 사실을 가르쳐주고 있는 것입니다. 아가서는 우리의 배우자를 칭찬해주라는 성경의 초청입니다. 아니, 그것은 명령입니다.

그리고 그것은 또한 배우자의 칭찬을 받아들이라는 명령이기도 합니다. 아가서는 잘못된 형태의 겸손을 바로잡아주고 있습니다. 우리 중 어떤 이들은 자신의 매력에 대한 칭찬의 말들을 듣기 거북해하는 경우도 있습니다. 심지어 "고운 것도 거짓되고 아름다운 것도 헛되나 오직 여호와를 경외하는 여자는 칭찬을 받을 것이라."는 잠언 31:30의 말씀을 들어 반박을 하기도 합니다.

> "아가서는 우리의 배우자를 칭찬해주라는 성경의 초청입니다. 아니, 그것은 명령입니다."

그러나 기억하십시오. 이 말씀은 '고운 것과 아름다운 것'이 완전히 중요하지 않다거나 무의미한 것이라는 뜻이 아닙니다. 이 말씀은 단지 '고운 것과 아름다운 것'을 그것의 원래 자리로 되돌려놓고 있는 말씀입니다. '하나님을 경외하는 것' 다음의 자리로 말입니다. 당연히 하나님을 경외하는 것이 가장 중요한 일이기 때문입니다. 하지만 나의 아내가 하나님을 사랑하는 여인일 뿐만 아니라, 내 눈에도 아름다운 여인이라면, 이 얼마나 더욱 감사한 일이겠습니까?

'은유' 해석하기

아가서의 본문이 우리에게 제시하고 있는 강력한 은유들 중 몇 가지를 살펴볼 텐데, 그것들은 참 '감각적'입니다. 모든 오감이 총동원되고 있습니다. 사랑스런 신부는 신랑의 눈에 아름다움 그 자체입니다. 그녀의 향기는 신랑의 마음을 설레게 하고, 그는 신부를 만지기 원하며, 그녀의 목소리는 매혹적입니다.

신부에 대한 신랑의 묘사는 머리에서부터 시작됩니다. 신부의 얼굴은 부분적으로 너울에 가리어져있습니다(4:1). 보일 듯 말듯 살짝 가려진 아름다움보다 더 호기심을 자극하는 것도 없습니다. 그것은 사람의 열망을 더 크게 합니다.

신부의 치아에 대한 은유적인 표현은(4:2) 오늘날의 시대에 우리가 우리의 배우자를 칭찬하기 위해 사용할 수 있는 것은 아닙니다. 신랑은 신부의 이가 하나도 빠진 것이 없음을 자랑합니다. 구약 시대와 같은 그 옛날에는 빠진 이가 하나 없이 고르다는 것은 상당한 칭찬이었을 것입니다. 물론 치과위생이 눈부시게 발전한 요즘시대에는 별로 대단한 칭찬거리가 되지 않을 수도 있겠지만 말입니다.

신부의 입술은 신랑의 바람을 명백하게 드러내주는 방식으로 묘사되고 있습니다(4:3). 바로 신부에게 깊은 입맞춤을 하고 싶은 마음을 말입니다.

방패들이 걸려있는 '다윗의 망대'로 비유되고 있는 신부의 목은(4:4) 성루 바깥쪽에 장식한 방패들을 빙 둘러 걸어놓던 고대의 관습과 관련지어 이해해야만 합니다. 이것은 마치 아름다운 목걸이가 걸쳐져있는 긴 목을 상징하고 있는 것입니다. 그리고 이것은 또한 여성의 아름다움을 표현하는 일에 있어서 아가서가 종종 '군사적인' 이미지를 사용하는 경우들에 대한 한 좋은 예이기도 합니다. 신부의 아름다움은 사람의 무릎을 떨리게 할 만큼의 매력적인 종류의 것입니다.

'백합화 가운데서 꿀을 먹고 있는 쌍태 어린 사슴'으로 묘사되고 있는 신부의 가슴에 대한 이미지는(4:5) 흔히 잘못 연상이 되어왔습니다. 이것은 쌍태 어린 사슴의 앞모습이 아닌 뒷모습을 상상해야 바로 이해할 수 있는 표현입니다. 두 마리의 노루가 풀을 뜯어먹기 위해 몸을 앞으로 구부릴 때, 우리는 그 노루들의 둥그런 엉덩이와 허공으로 높이 돌출되는 신부의 유두와 같은 꼬리의 모습을 보게 될 것입니다. 아가서 성경의 이러한 표현들에는 '고상한 척' 점잔빼는 기미를 찾아볼 수가 없습니다. 이것은 그리스도인 부부들에게 이와 동일한 '솔직함'을 권면하는 것입니다. 아가서는 부부간의 '밀어' 속으로 부부들을 초대하고 있습니다.

그러나 아가서 4장을 죽 읽어 내려가다 보면, 신부의 '동산 샘'에 대한 신랑의 비유보다 더 감각적인 내용도 없습니다(4:12). 이것은 신랑의 궁극적인 관심의 대상이며, 이 시가 '육체적 친밀함'을 위한 준비 작업으로 언어적 유희임을 보여주고 있습니다. 고대 근동 지역에서 '동산' 혹은 '우물', '샘'이라고 하는 표현은 여성의 신체 부분 중 '가장 은밀한 곳'을 가리키는 비유입니다. 신랑은 지금 '그 동산'에 들어가기를 원하고 있으며, 그 동산이 자신만을 위한 '잠근 동산'이고, '덮은 우물'이며, '봉한 샘'이라는 사실을 또한 칭송하고 있는 것입니다.

이제 신랑의 노래가 일단락 지어지면서, 신부의 답가가 나옵니다(4:16). 그녀는 신랑이 고대하던 바대로 그를 자신의 '동산'으로 초청합니다. 그리고 가장 아름다운 열매를 '맛보도록' 허락합니다. 신랑에게 자신의 모든 것을 다 내어주는 것입니다.

그리고 5:1에 의하면, 신랑은 신부의 초청에 지체하지 않고 응답합니다. 그는 자신의 동산에서 열정을 다하여 마음껏 즐거워합니다.

마지막으로, 5:1 후반부에는 신랑과 신부의 사랑을 지지하고 인정하는 합창 소리가 이렇게 울려 퍼집니다. 모든 이들이 행복해합니다.

"나의 친구들아 먹으라 나의 사랑하는 사람들아 많이 마시라."

이처럼 아가서는 남편과 아내의 육체적인 사랑을 축하하고 있습니다. 아가서는 그리스도인 부부들을 서로의 몸을 함께 '유희'하며, 함께 '즐거워'하는 일에 초청하며 격려합니다. 부부간의 성적 친밀함은 하나님의 선물이기 때문입니다.

성, '우상' 인가 '금기' 인가?

하나님께서 그분의 지혜를 따라 이러한 '사랑시'를 성경 속에 넣어 두신 데에는 다 이유가 있습니다. 하나님께서는 '당신'에게 관심이 있으시기 때문입니다. 하나님은 '당신

전체'에 관심이 있으십니다. 그 속에는 '당신의 몸'도 포함되어있습니다. 때때로 우리는 우리의 '몸'과 '영혼'을 따로 분리하여 생각하는 경향이 있습니다. 우리는 하나님께서는 오직 우리의 '영혼'에만 관심을 가지고 계신다고 믿습니다. 하지만 이것처럼 성경의 진리에서 벗어난 믿음도 없을 것입니다. 우리의 '몸'을 만드신 분이 하나님이십니다. 그분은 지금 우리의 '몸'도 돌보시고 계십니다. 그리고 그분은 마지막 날 우리의 '몸'을 부활시키실 것입니다.

> "하나님은 '당신'에게 관심이 있으십니다. 하나님은 '당신 전체'에 관심을 가지고 계십니다. 그리고 그 속에는 '당신의 몸'도 포함되어있습니다."

부부간의 성은 우리의 삶에 중요한 한 부분입니다. 사실 그것은 우리 삶의 필수적인 부분입니다. 우리는 우리의 성을 분리하여 생각하는 경향이 있습니다. 우리는 그것을 마치 '파이의 한 조각' 처럼 여깁니다. 그러나 성은 우리의 삶 전체를 관통하고 있습니다. 한 예로, 당신 부부 사이에 성적인 문제가 발생하면, 그것은 결혼생활 전체에 영향을 미치게 되며, 반대로 부부 사이에 다른 문제가 생기면, 그것은 부부간의 성생활에 영향을 끼치게 됩니다. 좀 더 구체적으로 설명하자면 이렇습니다. 흔히 반대의 경우가 대부분이 겠지만, 남편이 아내에 대해 성적으로 무관심하다고 해봅시다. 이것은 아내에게 남편과의 전체적인 관계 속에서 욕구불만과 화를 불러일으키게 될 것입니다. 또 이번에는 남편이 연속 석 달 동안 집안의 고장난 물건을 고치는 일을 잊어버리고 있다고 칩시다. 이 일로 인해 아내는 짜증이 날 것이며, 부부간의 건강한 성적 관계는 불가능해질 것입니다.

이런 유의 모습들은 부부들마다 여러 모양으로 다르게 나타날 수 있습니다. 그러나 우리의 '성적인 삶'과 '육신의 삶' 그리고 '영적인 삶'이 우리 삶의 서로 다른 영역들로 동떨어져 있는 것이 아니라 서로 긴밀하게 연결되어 있다는 사실을 인식하게 될 때, 우리의 문제들을 해결하는 데에 많은 도움이 될 것입니다. '성적인 문제'는 대개 '성적인 문제' 그 자체라기보다는 '관계적인 문제'를 드러내 보여주는 하나의 적신호인 경우가 많습니다.

하지만 물론 또 '성적인 문제' 가 '다른 문제들' 로 확대 될 수도 있습니다. 우리는 죄악된 세상 속에서 살고 있습니다. 원래 성은 선하고 아름답게 창조된 것입니다. 그러나 우리의 죄가 성을 바르게 인식하고 경험하는 일을 왜곡시키고 타락시켰습니다. 그 결과, 우리는 성을 '우상시' 하거나 '금기시' 하는 성향을 가지게 되었습니다. 물론 이 두 가지 태도 모두는 중대한 문제를 야기시킵니다.

먼저, 우리는 성을 우상시하는 세상의 유혹에 노출되어 있습니다. 이것은 의심의 여지가 없습니다. 우리가 사는 세대는 도덕적으로 문란한 시대입니다. 온갖 외설적인 인쇄물들과 영상물들이 때를 가리지 않고 우리의 눈앞에 펼쳐지고 있습니다. 성은 우리 사회의 주요한 '집착거리' 입니다. 세상은 성적 자극이 없는 인생은 적게는 따분한 것이며, 크게는 무의미한 것이라는 사상을 사람들에게 심어주고 있습니다. 성은 이미 사람들의 '우상' 이 되어버렸습니다. '우상' 이란 인간에 의해 '창조주' 의 자리에 올라앉은 모든 '피조물' 을 의미합니다(롬 1:21-23). 요지는 인간이 창조주 하나님을 거부하고, 대신 '하나님' 의 자리에 '성' 을 올려놓았다는 것입니다.

심지어 그리스도인 부부들조차도 결혼관계 속에서 성을 우상화할 수 있습니다. 고린도전서 7:4-5은 이렇게 말씀합니다.

"아내는 자기 몸을 주장하지 못하고 오직 그 남편이 하며 남편도 그와 같이 자기 몸을 주장하지 못하고 오직 그 아내가 하나니 서로 분방하지 말라 다만 기도할 틈을 얻기 위하여 합의상 얼마 동안은 하되 다시 합하라 이는 너희가 절제 못함으로 말미암아 사탄이 너희를 시험하지 못하게 하려 함이라."

그런데 때로 어떤 그리스도인들은 이 구절을 배우자를 얽어매는 '족쇄' 처럼 이용하기도 합니다. 하지만 우리는 우리의 배우자의 상태에 민감해야 하며, 결코 그들을 '성적 의무' 의 틀에 강제로 끼워 맞추려고 해서는 안 됩니다. 그런 시도는 단지 부부간의 육체적인 관계로부터 주어질 수 있는 모든 기쁨을 곧 빼앗겨버리는 결과만을 초래하게 될 것입니다.

> "우리는 하나님께서 인간을 '남자'와 '여자'로 창조하셨음과 서로를 서로의 '짝'
> 으로 지으셨음을 결코 잊어서는 안 됩니다."

　예를 들면, 성은 언제든 '우상'이 될 수 있고, 또 이미 '우상'이 되어있습니다. 그러나 또한 '금기시' 되어질 때, 성은 왜곡될 수 있습니다. 성이 창조주 하나님의 자리를 대신하게 될 때 '우상'이 되는 것처럼, 그것은 또 '금기'가 될 수도 있습니다. 성적인 신체기관들을 가진 우리의 몸을 만드신 분이 바로 하나님이시며, 우리는 하나님의 선하신 그 선물을 누리도록 되어있다는 사실을 망각하게 될 때 말입니다. 우리는 하나님께서 인간을 '남자'와 '여자'로 창조하셨음과 서로를 서로의 '짝'으로 지으셨음을 결코 잊어서는 안 됩니다.

　아가서는 본래 성이란 선하고, 아름다우며, 즐거운 것이라는 사실을 상기시켜주는 성경입니다. 그리스도인들은 과거나 현재나 흔히 성을 일종의 '필요악'으로 간주해왔습니다. 그러나 이것은 우리를 향하신 하나님의 사랑에 대한 오해의 결과일 뿐입니다. 하나님은 우리를 사랑하시되 우리의 '몸'과 '영혼' 모두를 사랑하십니다.

　성은 인종을 이어나가기 위한 목적을 위해서만 창조된 '의무'가 아닙니다. 제 친구 중 어떤 목회자는 "부부간의 성의 목적은 교회를 확장해가기 위한 것이다."라고 주장하고 있기도 합니다. 그러나 성은 즐거워해야할 것입니다. 분명 아가서 속의 신랑과 신부는 서로의 몸을 즐거워하고 있습니다.

　물론 성에는 금기시 되는 부분들도 분명히 있습니다. 성경은 '간음'이나 '매춘' 그리고 '수간(獸姦)' 등과 같은 '성적인 죄'들에 대해서는 아주 단호합니다. 그러나 그러한 죄 때문에 하나님의 축복의 선물인 성 자체를 거부해서는 안 될 것입니다. 그것은 정확히 사탄이 원하는 바입니다. 우리는 아가서 성경을 통해 다시 배워야 합니다. 성이란 선한 것이며, 하나님께서 마련하신 결혼제도 안에서 즐거워해야할 것이라는 사실을 말입니다.

만약 여러분 부부가 성문제로 인하여 갈등을 겪고 있다면, 그 문제를 그냥 덮어두어서는 안 됩니다. 그래도 다른 나머지 관계들은 굳건할 것이라고 믿어서는 안 된다는 것입니다. 부부가 서로 솔직히 이야기를 나누십시오. 교회의 목회자나 상담자들에게 도움을 요청하십시오. 무시한 채로 방치해두는 이 문제가 언젠가는 당신의 부부관계의 기반 전체를 붕괴시킬 수 있기 때문입니다.

'깨어진 성'의 회복

성경의 전체적인 맥락 속에서 아가서의 메시지를 생각해보십시오. 아가서는 창세기 2장에 나오는 에덴동산의 이야기를 우리에게 상기시켜주고자 하는 목적을 가지고 있습니다. 그곳은 아담과 하와가 벌거벗고 있었으나 전혀 수치심을 느끼지 않았던 곳이었습니다(창 2:25). 그러나 바로 그 다음 장인 3장에서, 선악과를 따먹는 의도적인 불순종 후에, 그들은 자신들의 몸을 가려야만 했습니다. 그들은 더 이상 서로 앞에서 '육체적으로, 정신적으로, 영적으로' 벌거벗고 있는 자신의 모습을 견딜 수가 없게 되었습니다. 창세기와 아가서를 함께 읽게 될 때, 우리는 아가서 속에서 다시 그 남자와 그 여자가 아름다운 그 동산에서 벌거벗은 본래의 모습으로 서로를 기뻐하고 있는 것을 보게 됩니다. 아가서의 메시지는 분명 '깨어진 성의 회복'과도 관계가 있는 것입니다.

시간이 있다면, 아가서 성경의 다른 교훈들 또한 살펴보고 싶지만, 오늘은 이 부분에 대해서만 언급을 해야 할 것 같습니다. 부부 성의 회복은 '이미 그러나 아직'의 회복입니다. 아가서 속에는 5:2-8, 6:1과 같은 시들도 포함되어있습니다. 이 시들은 결혼한 부부지간에도 서로에게 친밀함으로 다가가는 일이 언제나 쉽고 항상 만족스러운 것만은 아닐 수도 있다는 사실을 가르쳐줍니다.

하지만 아가서의 중요한 교훈은 놀랍고도 환희에 찬 부부간의 육체적인 친밀함이 가능하다는 것입니다. 아가서는 열정적인 부부관계의 불꽃을 다시 타오르도록 만들라는 부부들을 향한 초청입니다. 하나님은 당신 부부가 서로를 즐거워하기를 원하십니다.

> "성경은 '낭만적인 감정'에는 관심이 없다고 생각하는 것은 크게 오해한 것입니다. 하나님께서 '이혼'을 기뻐하시지 않으시는 분이시라면, 그분은 또한 '열정 없는 결혼' 역시 기뻐하지 않으실 것이기 때문입니다."

저는 그리스도인들이 이렇게 말하는 것을 들었습니다. "사랑은 '감정'이 아니라 '의지'이고 '의무'라는 것이 성경의 가르침이다." 물론 저도 그들이 무슨 말을 하려고 하는지 알고 있습니다. 그리고 그들의 의도 또한 선한 것입니다. 당연히 한 순간 느껴지는 감정적인 열정의 유무에 따라 결혼을 하거나 결혼을 파해서는 안 될 것입니다. 어떤 결혼도 단지 사랑의 감정에 빠진 두 사람 간의 약속인 것만은 아닙니다. 사랑의 감정이 사라져간다 해서, 그것이 결혼을 파기할 수 있는 이유가 될 수는 없습니다. 그러나 성경은 '낭만적인 감정'에는 관심이 없고, 오직 '의무'만을 강조한다고 생각하는 것은 크게 오해한 것입니다. 하나님께서 '이혼'을 기뻐하시지 않으시는 분이시라면, 그분은 또한 '열정 없는 결혼' 역시 기뻐하지 않으실 것이기 때문입니다.

우리는 오늘날 결혼제도가 전례 없는 비판을 당하고 있다는 말을 흔히 듣고 있습니다. 그리고 실제로 그 말은 사실입니다. 그러나 결혼제도는 언제나 위험에 처해 있었습니다. 심지어 이혼이 거의 없던 시대에도 말입니다. 이혼을 찾아보기 힘들던 시절은 '사랑 없는 결혼'이 많았던 것뿐이었습니다.

그럼 도대체 어떻게 하라는 말인가요? 결혼은 '두 죄인'을 하나로 묶어주는 관계입니다. 그리고 이것은 곧 '갈등의 공식'이나 마찬가지입니다. 하지만 아가서의 메시지는 견고하고 환희 가득한 결혼생활이 가능하다는 것입니다. 성경의 다른 말씀들 또한 '복음'이 우리의 결혼생활에 적용되어질 때, 그 일이 이루어질 수 있음을 가르쳐줍니다. 그러한 결혼 안에서는 죄가 '회개'를 통해 고백이 되어지고, '용서'가 주어지며, '화해'가 일어납니다.

다시 말해서, 참으로 흔들림 없는 부부관계는 '복음' 위에 그 기초를 세워야만 한다는 것입니다. 만약 우리가 우리 눈 속에 들어있는 '들보' 와 같은 우리 자신의 죄를 깨닫지 못하고, 예수 그리스도에 의해 우리의 죄가 용서받지 못했다면, 어떻게 우리 배우자의 죄를 덮어줄 수 있겠습니까? '복음' 은 엄청나고 풍성한 '죄 용서' 에 대한 이야기입니다. 예수 그리스도께서 십자가 제단 위에서 영원한 희생 제사를 드리시고, 우리의 죄를 대신하여 죽으셨습니다. 그분의 용서는 우리에게 하나님과의 영생을 약속해주실 뿐만 아니라, 우리의 죄와 허물로부터 우리를 구원하십니다. 사람들은 '죄의 고백' 과 '회개' 그리고 '용서' 가 사랑의 불길을 꺼버리는 것이 아니라, 더욱더 활활 타오르게 하는 연료가 된다는 사실을 알지 못합니다.

아가서의 성경은 아름다운 부부관계에 대한 소망의 메시지이며, 부부 사이에 솟아나는 열정적인 사랑을 통해 생겨나는 그 소망을 표현해보라는 초청인 것입니다.

제4편 설교: 결혼의 생존 법칙
- '들보' 와 '티' < 마태복음 7:1 - 5 >

결혼은 모든 인간관계들 중 가장 열정적인 관계입니다. 그것은 가장 큰 희열과 동시에 가장 고통스런 가슴 아픔을 위한 수련장이기도 합니다. 그것은 설렘을 주기도 하지만, 지루함이 되기도 합니다. 그것은 혼돈과 위험과 어둠 가득한 세상 한복판에서 용기의 원천이 되어주기도 하지만, 타락한 세상의 혼란에 한 몫을 거들기도 합니다. 이처럼 결혼에는 어느 정도 긍정적인 면과 부정적인 면 모두가 존재합니다.

누구든 자신의 결혼생활이 완벽하다고 말하는 사람은 거짓말을 하고 있거나 철저히 피상적인 관계를 맺고 있는 것일 겁니다. 저는 크리스천 상담가인 제이 아담스(Jay Adams)의 조언을 기억합니다. 그것은 약혼한 예비부부들을 위한 그의 강연으로부터 들었던 것인데, 그 당시 제 자신도 막 약혼을 하고 난 상태였었습니다. 그는 청중으로 앉아 있는 젊은 예비부부들에게 물었습니다. 그들이 결혼으로부터 기대하고 있는 것이 무엇인지를 말입니다. 그는 그들이 결혼을 자신들의 가장 절박한 욕구와 불안감들에 대한 해답으로 믿고 있다는 것을 알고 있었습니다. 일단 결혼만 하게 되면, 외로움 같은 것은 더 이상 문젯거리가 안 될 것이며, 성적인 욕구불만 또한 옛날 얘기가 될 것이며, 오직 기쁨과 행복만이 자신들을 기다리고 있을 것이라고 그들은 생각하고 있었습니다. 하지만 아담스는 인정사정 봐주지 않았습니다. 그는 거침없이 우리에게 다음의 내용을 상기시켜 주었습니다. 결혼이란 '두 죄인들 간의 연합'이며, 그러한 연합은 죄로 인한 문제들을 해결해주는 것이 아니라 오히려 한층 더 악화시키게 될 뿐이라는 사실을 말입니다.

다행스럽게도, 저는 피상적인 관계를 거부하는 여성과 약혼한 상황이었습니다. 처음 몇 달 동안 교제를 하는 중, 우리는 단 한 번도 싸우지 않았습니다. 마치 저나 제 약혼녀 둘 다 완벽한 사람들처럼 생각될 정도였습니다. 그런데 어느 날 갑자기 약혼녀가 싸움을 걸어왔습니다. 그녀는 의도적으로 우리가 다툴만한 주제를 찾아내어, 제가 폭발할 때까지 계속해서 저를 자극했습니다.

나중에 그녀는 제가 단지 피상적인 관계 그 이상을 감당할 수 있는 남자인지 그리고 어떻게 갈등을 다루어가는 사람인지를 보기 위해 일부러 그렇게 했다고 말을 했습니다. 참 지혜로운 여성입니다. 물론 같이 살기에는 그리 만만하지는 않겠지만 말입니다.

죄의 위력

성경이 사실인 이상, '완벽한 결혼'은 없습니다. 성경이 진실인 이상, 모든 부부들은 크든 작든 관계상의 갈등들에 대하여 할 이야기들이 많이 있을 것입니다. 결국 창세기 3장을 통해 알 수 있듯이, 모든 사람이 '죄인'이며, 우리 모두는 자기 자신의 유익을 먼저 구하는 '이기주의자'들입니다. 로마서 3:23을 들어보십시오. "모든 사람이 죄를 범하였으매 하나님의 영광에 이르지 못하더니."

> "죄의 중심에는 '하나님께 대한 신뢰의 거부'가 자리하고 있습니다."

그렇다면, '죄'란 무엇입니까? '죄'의 중심에는 '하나님께 대한 신뢰의 거부'가 자리하고 있습니다. 우리의 삶을 위해 '하나님' 대신 다른 '그 어떤 것'을 의지하는 것이 죄입니다. 다시 말하자면, '하나님의 뜻'을 거스르는 것이 죄입니다. 죄는 '나 자신'을 추구하는 것입니다. 그런데 결혼은 '상호복종'을 요구합니다(엡 5:21). '상호복종'이란 남편과 아내가 서로 '나 자신'보다 '나의 배우자'를 더 중요하게 여기는 것입니다. 따라서 '죄'는 막대한 문제를 불러일으킵니다. '한 몸'이 되어야 할 두 사람을 갈라놓고 맙니다. 부부 사이에는 일상적으로 갈등이 발생하는 영역들이 존재합니다. 오늘 이 영역들을 자세하게 다룰 시간은 없지만, 몇 가지 그 이름들을 대기만 하는 것만으로도 마음속에 긴장감이 감돌 정도입니다.

부부갈등의 도화선

- **성**: 인간은 '성적인' 존재입니다. 하나님은 우리를 친밀한 육체적인 접촉을 열망하는 존재들로 지으셨습니다. 그 열망은 강력합니다. 그러나 남편과 아내가 언제나 서로 동일한 정도의 열망을 공유하는 것은 아닐 수 있습니다. 그래서 남편이 아내에게 다가가는데 아내는 달아나고, 또 아내가 남편에게 다가서는데 남편은 등을 돌리는 경우들이 종종 발생합니다. 아가서에도 이러한 육체적인 연합이 어긋나는 상황을 묘사하는 시가 소개되어 있기도 합니다.(5:2-8, 6:1)

- **제한된 시간과 돈**: 우리는 '유한한 자원'을 가진 '유한한 피조물'입니다. 특히 '시간'과 '돈'은 우리의 한계와 부족함을 가장 빈번하게 폭로해주는 두 가지 자원입니다. 시간과 돈에 관한 갈등은 사실 우리의 '가치관'에 관한 갈등이기도 합니다. 그것은 시간과 돈이 우리 삶에 어떤 의미인가에 관한 갈등입니다. 우리는 우리가 가장 중요다고 생각하는 일들에 우리의 시간과 돈을 쓰게 되어있고, 그것은 바로 우리 속 깊은 곳에 있는 우리의 가치관을 드러내 보여주는 것입니다.

  '돈'은 '힘'을 상징합니다. 그것은 어떤 일들을 이루어내고, 사람들에게 영향력을 행사할 수 있는 능력입니다. 사람들은 교육이나 휴가를 위해 예산을 세웁니다. 옷을 사고 스포츠 관람 정기입장권을 구입합니다. 여러분들은 어디에 돈을 쓰십니까?

'시간'은 또한 부부간의 논쟁의 씨앗이 되기도 합니다. 만약 아내도 직장에 다니는 경우라면, 남편은 퇴근 후 시간을 내어 아이들을 돌봐야 합니다. 남편이 가족과 함께 하는 시간보다 직장 일에 너무 많은 시간을 쓰는 경우들도 있습니다. 학교나 유치원에 아이들을 누가 데려다주고 데려올 것인가 하는 부부간의 실랑이는 사실 누구의 시간이 더 가치가 있는가에 관한 싸움입니다.

- **나누어진 사랑**: 물론 우리의 사랑의 영순위는 '하나님'이십니다. 이 사랑의 기본 원칙을 무시한 결혼을 선택했던 솔로몬의 불행한 결말을 우리 모두는 열왕기상 11:1-6을 통해 잘 볼 수 있습니다.

사도 바울은 이 사실을 원론적으로 고린도후서 6:14-16(너희는 믿지 않는 자와 멍에를 같이 하지 말라……)에서 강조하고 있습니다. 이것은 모든 밀접한 관계들 특히 결혼을 염두에 두고 있는 말씀입니다. 그러나 '하나님과의 관계'를 제외한 우리의 최우선 순위는 우리의 배우자와의 관계입니다. 만약 '다른 관계들'이 부부사이에 끼어들게 되면, 문제가 발생하게 됩니다. 그 '다른 관계들'이란 '부모님'이나 '친구들'이 될 수도 있습니다. 하지만 가장 흔히 부부관계를 대체하는 것은 우리의 '자녀'입니다.

결국 아이들은 우리의 시간과 관심, 돌봄이 필요한 대상이기 때문입니다. 우리는 우리의 배우자는 성인이고, 따라서 우리의 모든 에너지가 거의 아이들에게 향하는 것을 이해할 수 있을 것이라고 생각합니다. 그러나 저는 이런 식의 생각이 잘못된 것이라고 믿습니다. 그런 생각은 부부관계에 치명적일 뿐만 아니라 자녀들 자신에게도 마찬가지입니다. 왜냐하면, 부모의 불행하거나 문제 있는 결혼생활은 결국 자녀들에게 부정적인 영향을 미칠 것이기 때문입니다. 우리의 자녀들에게는 건강하고 행복한 부부관계를 맺고 있는 부모가 필요합니다.

'의무'와 '사랑'

우리의 결혼생활이 죄와 갈등으로 인해 위협을 느끼게 될 때, 우리가 기억해야 할 것은

"관계는 낭만적인 감정 그 이상이다."라는 사실입니다. 제가 "결혼이란 사랑이나 감정하고는 아무런 관련이 없는 것입니다."라고 말하지 않은 것에 주목하십시오. '낭만적인 사랑'은 성경과는 거리가 먼 것이라고 잘못 생각하는 사람들이 종종 있습니다. 분명 그런 사람들은 아가서를 한번도 읽어보지 않은 사람들일 것입니다. 성경은 우리의 결혼이 정열과 열정이 넘치는 사랑의 관계가 되어야 함을 인정하고 가르칩니다.

하지만 현실적으로, '사랑의 불길'이 언제나 뜨겁게 타오르는 것만은 아닙니다. 때론 차갑게 식기도 합니다. 그러나 그때에도 '관계'는 여전히 존재합니다.

결국 '결혼'은 '언약'이기 때문입니다. 말라기 2:16은 이렇게 말씀해주고 있습니다.

"이스라엘의 하나님 여호와가 이르노니 나는 이혼하는 것과 학대를 가리는 자를 미워하노라……."

'언약'이란 좋을 때나 나쁠 때나 서로에 의해 지켜져야 할 법적인 동의사항입니다. 이것이 이혼이 그리스도인들에게 결코 쉬운 일이 되어서는 안 되는 이유입니다. 심지어는 성경이 허용한 그런 상황이라 할지라도 말입니다.

하지만 어떻게 '참고 사는 일'이 열정은 없고 그저 의무감만 있는 그런 관계나 혹은 더 나쁜 경우, 과거의 죄와 허물 때문에 부부가 서로를 싫어하고 미워하는 그런 관계로 악화되지 않을 수 있겠습니까?

'회개'와 '용서'

이 질문에 대한 대답은 '회개'와 '용서'입니다. 건강하고 강건한 성경적인 부부관계의 모형은 '죄의 인정'과 '관대한 용서'가 있는 관계입니다.

복음은 우리에게 이 타락한 세상 속의 관계들 안에서 살아가는 삶의 방식을 제시해줍니다. 우리는 다른 사람들의 죄를 용서해주는 경우에도 우리 자신의 죄를 인식해야만 합니다. 마태복음 7:1-5을 읽어보십시오.

"비판을 받지 아니하려거든 비판하지 말라……외식하는 자여 먼저 네 눈 속에서 들보를 빼어라 그 후에야 밝히 보고 형제의 눈 속에서 티를 빼리라."

하지만 이 말씀은 다른 사람을 '판단(비판)' 하는 일을 절대적으로 금하고 있는 것은 아닙니다. 만약 그렇다면, 다른 수많은 성경 구절들과 모순되는 결과를 초래하게 될 것입니다. 누가복음 17:3(만일 네 형제가 죄를 범하거든 경고하고/rebuke, 꾸짖고")이나 갈라디아서 6:1(온유한 심령으로 그러한 자를 바로잡고), 디모데전서 5:20(범죄한 자들을 모든 사람 앞에서 꾸짖어)과 같은 말씀들은 '판단'을 허락하고 있을 뿐만 아니라, 더 나아가 삶의 죄들을 발견할 수 있도록 서로 '도와주고', '질책' 할 것을 권면하고 있기 때문입니다. 마태복음 7장이 금하고 있는 것은 우리의 '교만한 비판' 인 것입니다. 이것은 정작 내 자신의 죄는 깨닫지 못하면서 다른 사람들의 죄만을 판단하는 그런 비판입니다. '교만한 비판' 은 나로 하여금 아내의 죄를 아내를 다시 세워주는 일이 아닌 아내를 짓밟고 무너뜨리는 일에 이용하도록 이끕니다.

> "건강하고 강건한 성경적인 부부관계의 모형은 '죄의 인정' 과 '관대한 용서' 가 있는 관계입니다."

우리는 날마다 서로에게 죄를 짓습니다. 그러나 이것은 꼭 '나쁜 소식' 만은 아닙니다. 기독교 작가이며 한 때 저의 교회의 담임 목회자이셨던 잭 밀러(Jack Miller) 목사님은 항상 이렇게 말씀하시곤 하셨습니다. "기운내세요. 당신은 당신이 생각하는 것보다 훨씬 더 엉망인 사람입니다(그러니 이 정도 가지고 실망하지 말라는 뜻)." 그분이 의미하셨던 것은 우리의 죄는 너무도 광범위한 것이어서 이 사실을 바로 인식하고 날마다 회개하여야 한다는 뜻이었을 겁니다. 어떤 면에서는 우리가 '죄인' 이라는 사실은 '좋은 소식' 일 수 있습니다. 왜냐하면, 하나님의 은혜가 계속적으로 우리에게 임하실 수 있기 때문입니다. 만약 예수 그리스도를 통한 하나님의 용서하심이 없었더라면, 우리의 잘못과 실수들은 우리를 완전히 파괴해버리고 말았을 것입니다. 그러나 우리의 소망과 담대함은 '우리의 선함'으로부터 비롯되는 것이 아니라 '하나님의 용서'로부터 나오는 것입니다.

부부가 서로의 잘못을 겸손함과 긍휼함의 마음으로 대하는 것은 아름답고 옳은 일입니다. 부부는 함께 서로가 성숙한 믿음의 자리로 자라가도록 도울 수 있습니다.

여러분들 중 어떤 이들은 1970년대의 한 영화 "러브스토리(Love Story)"를 기억하실 것입니다. 이 영화는 한 유명한 대사를 유행시켰습니다. 그것은 바로 "사랑은 결코 미안하다고 말하지 않는 거에요."라는 것이었습니다. 하지만 이 말은 아주 위험한 말입니다. 이것은 관계를 무너뜨릴 수 있는 말이기 때문입니다. 정반대가 되어야 합니다. 사랑은 계속해서 미안하다고 말하는 것입니다.

그러나 우리는 조심해야 합니다. 예수님은 내가 알아야만 한다고 말씀하십니다. '나의 죄'가 '내 아내의 죄'보다 더 크다는 사실을 말입니다. 아내가 '티'를 가지고 있다면, 나는 '들보'를 가지고 있다는 것입니다. 물론 아내 역시 이와 동일한 관점에서 자신을 보아야만 합니다. 만약 부부가 각각 자신이 '들보'를 지니고 있다는 사실을 인정하면서 서로의 '티'에 접근할 수 있다면, 비로소 그 부부는 서로를 그리스도께로 인도할 수 있는 태도를 가지고 서로에게 다가갈 수 있을 것입니다.

끝없는 용서

우리의 용서는 무제한이 되어야합니다. 누가복음 17:3-4을 읽어보십시오.

> "너희는 스스로 조심하라 만일 네 형제가 **죄를 범하거든 경고하고 회개하거든 용서하라** 만일 **하루에 일곱 번이라도** 네게 죄를 짓고 일곱 번 네게 돌아와 내가 회개하노라 하거든 **너는 용서하라** 하시더라."

이 말씀은 우리가 먼저 우리 자신의 죄를 깨달아야 하지만, 또 서로의 잘못을 부드럽게 지적할 수 있어야 함을 보여줍니다. 우리의 태도에는 애정이 깃들어있어야 합니다. 죄를 지적당하는 일은 고통스러운 일이며, 죄는 추한 것이기에 우리 중 그 누구도 질책당하는 일을 좋아할 사람이 없기 때문입니다. 먹다 남은 콩나물이 입가에 붙어있는 것을 누군가 우리에게 일러줬을 때 느낄 그 창피스러움을 한번 생각해보십시오. 하물며 추악한 죄가 폭로되어졌을 때의 그 수치감은 얼마나 더하겠습니까?

우리는 서로의 죄를 지적할 때에도 조심스럽게 해야 합니다. 그 질책의 목적이 상대방을 조롱하거나 상처 입히기 위함이 아니라 관계를 더욱 돈독하게 하기 위함이기 때문입니다. 예수님께서는 또한 깨어진 마음으로 자신의 잘못에 대해 가슴 아파하며 우리에게 나오는 사람들을 향한 우리의 용서가 끝이 없어야 함을 가르쳐주십니다.

결혼은 부부에게 평생의 친밀한 관계를 보장해주지 않습니다. 반복적인 잘못과 과실들이 발생할 수 있습니다. 아내나 남편 모두 "이제는 더 이상 도저히 못 참겠어!"라고 말하고 싶은 때가 반드시 있을 것입니다.

그러나 예수님께서는 '완전함'을 상징하는 숫자 '7'을 사용하셔서, 우리의 용서에는 결코 끝이 없음을 강조하고 계십니다. "당신이 나를 이런 식으로 상처 입힌 것이 1,036번째야. 이제 끝이야. 나는 그만 떠나겠어." 라고 말할 수 있는 지점이 없다는 것입니다.

사람들은 흔히 잘못 생각하고 있습니다. 많은 잘못들이 부부관계를 파괴할 뿐이라고 말입니다. 그러나 물론 우리가 나의 잘못이 나의 배우자의 잘못보다 크다 라는 사실을 인식하고 용서의 자세를 선택하지 않는 이상, 이것은 사실일 수 있습니다.

사랑의 강장제, '용서'

그러나 복음에 의하면, 오히려 이 반대가 사실입니다. 많은 잘못들이 부부관계를 세울 수 있다는 것입니다. 이 일이 어떻게 가능합니까? '용서'가 바로 그 열쇠입니다. '용서'는 '사랑'을 '강화'시켜줍니다. 제 아내가 저의 결점에도 불구하고 저와 함께 살고 있다면, 아내는 정말로 저를 사랑하는 것입니다. 제가 아내에게 상처를 주었습니다. 그런데도 여전히 제 곁에 남아있다면, 그것은 깊고도 변함없는 사랑입니다.

누가복음 7:46-47을 읽어보십시오.

"너는 내 머리에 감람유도 붓지 아니하였으되 그는 향유를 내 발에 부었느니라 이러므로 내가 네게 말하노니 **그의 많은 죄가 사하여졌도다 이는 그의 사랑함이 많음이라** 사함을 받은 일이 적은 자는 적게 사랑하느니라."

예수님의 발에 향유를 부은 여인을 큰 죄인이라고 생각하고 있는 바리새인 시몬에게 예수님은 이렇게 응수하십니다. 그녀가 더 많이 용서받았기 때문에, 더 많이 사랑하는 것이라고 말입니다. '용서받은 자'는 더욱 '사랑하는 자'가 됩니다.

용서를 주고받는 관계는 우리의 문제점과 잘못들을 감추려는 얄팍한 시도인 우리의 위선을 깨뜨려버립니다. 우리의 남편과 아내가 '용서의 사람'인 것을 알게 되면, 우리는 우리의 갈등과 약함을 더 쉽게 공개할 수 있게 됩니다.

이 타락한 세상에서 부부들을 위한 소망이 무엇입니까? '예수 그리스도' 그분이 바로 '소망' 이십니다. 그분만이 '현재의 기쁨' 이시며, '미래의 보장' 되시는 '소망' 그 자체이십니다. 그분만이 우리로 하여금 우리의 죄를 깨닫게 하시며, 내 남편과 내 아내의 죄를 용서할 수 있는 은혜를 공급해주실 수 있으십니다. 그분으로부터 나오는 '회개와 용서의 삶의 방식'은 우리 부부들에게 지금 기쁨에 대한 소망을 안겨줍니다.

이런 삶의 방식은 하루아침에 이루어지지 않습니다. 왜냐하면, 우리 모두는 자기 방어적이며, 특히 결혼 초기에는 더욱 그렇기 때문입니다. 그러나 우리는 죄의 고백이 가능할 수 있는 관계를 가꾸어나가기 위해 힘을 써야만 합니다. 그리고 이러한 관계는 내 자신이 '들보'를 지닌 '죄인' 임을 먼저 깨달음으로써, '티'를 품은 나의 배우자를 '용서' 할 수 있게 될 때 가능해질 것입니다.

> "이 타락한 세상에서 부부들을 위한 소망이 무엇입니까? '예수 그리스도' 그분이 바로 '소망' 이십니다. 그분만이 '현재의 기쁨' 이시며, '미래의 보장' 되시는 '소망' 그 자체이십니다."

6. 결혼 관련 설교 시리즈 … 145

부록: 부부 드라마

제목: 반갑지 않은 선물
(원제: Zucchini Surprise)

피터 메이어(Peter Mayer) 지음

공지사항

이 드라마는 '결혼의 3단계'인 '떠나기', '연합하기', 그리고 '한 몸 이루기'의 과정을 소개하기 위해 교회 모임이나 그룹 모임 등에서 사용할 수 있는 극본입니다. 특별히 부부들의 본가정으로부터의 '떠나기' 단계에 초점을 맞추고 있는 내용으로 구성되어져 있습니다.

무대 배경: 어느 부부의 집. 늦은 오후.

한 삼십대 부부가 현관문을 열고 집안으로 들어온다. 손에는 여행용 가방들이 들려있다. 지금 막 짧은 휴가를 보내고 돌아온 듯 해 보인다.

남편: (집안을 둘러보며) 아, 집이다!

아내: 나비야, 우리 나비 어딨니? 이리 온!

남편: 이상하네. 강아지처럼 항상 문 앞에서 뛰어오를 준비를 하고 기다리던 녀석이 어디 갔지?

아내: 어머님이 하도 무섭게 구시니까 일찌감치 동면하러 들어갔나 봐요.

남편이 아내에게 눈짓을 한다.

아내: (마치 주문 외우듯) 미안해요. 우리 없는 동안 어머님께서 집도 봐주시고 나비도 돌봐주시고…… 어머님이 안 계셨으면 어떡할 뻔 했어요?

남편: 그럼. 어머니께서 우리를 도와주시지 않으셨으면, 당신 고양이를 어떻게 할 수 있었겠어?

아내: 내 고양이가 아니라 우리 고양이에요.

아내는 거실 옷장에 코트를 건다.

남편: 당신, 배 안 고파?
난 구운 치즈 샌드위치하고 토마토 수프가 먹고 싶은데, 어때?

아내: 좋아요.

남편은 우편물들을 집어 들고 하나씩 넘겨보기 시작한다. 아내는 부엌으로 퇴장한다.

무대 배경: 부엌

부엌에 들어선 아내는 갓 따듯해 보이는 열한 개의 호박이 들어있는 큰 통을 하나 발견한다. 그 통 앞에는 이렇게 쓰여진 커다란 메모 한 장이 붙어있다. "우리 집 채소밭에서 방금 따온 것이라 싱싱하단다."

아내: 어련하시겠어요? 그런데 저는 왜 하나도 반갑지가 않죠?

아내는 찬장 쪽으로 이동한다. 그리고 무언가를 꺼내려는 듯 찬장 문을 연다. 하지만 문을 열다말고 찬장 안을 자세히 들여다본다. 혼란스러운 듯, 그녀는 그 옆의 다른 찬장을 열어본다. 그리고 그 옆의 또 다른 찬장도, 또 그 옆의 다른 찬장도……그리고서는 마지막 찬장 문을 쾅 하고 닫는다.

아내: (비명을 지르듯) 아 -------------!

남편은 다른 방에 있다.

남편: 왜 그래? 무슨 일이야?

아내: 도대체 왜 그러신 거예요?

남편이 부엌으로 뛰어 들어온다.

남편: 무슨 일인데 그래?

아내: 해도 해도 너무하세요!

남편: 뭔데?

아내: 당신 어머님요!

남편: 어머니가 뭐? 이번엔 무슨 일을 하셨는데?

아내: 제 부엌을 완전히 뒤집어놓으셨잖아요.

남편: 내가 보기엔 그대론데.
아내: 부엌 물건들을 전부 바꿔놓으셨어요. 저쪽에 있던 주전자들은 몽땅 다 이쪽에 다 갖다 놓으시고, 여기에 있던 접시들은 또 저쪽으로 몽땅 다 옮겨놓으셨다고요.

아내는 부엌의 또 다른 편으로 걸어간다.

아내: 플라스틱 용기들은 또 전부 다 이쪽으로 갖다놓으셨어요.
남편: 어머니가 정말로 그러셨는지 어떻게 알아?
아내: 아니, 그럼 우리가 없는 동안 도둑이 들어와 우리 집 부엌을 새로 정리하고 갔단 말이에요? 아니면 우리 고양이 나비가 그렇게 한건가요?
남편: 알았어. 알았다고.
아내: 이제 더는 못 참아요. 싸우더라도 말씀드리고 말거에요.

아내가 전화 수화기 쪽으로 다가간다. 남편이 그런 아내를 말린다.

남편: 잠깐만, 잠깐만, 좀 진정해.
아내: 왜요? 어머님은 항상 이런 식이시잖아요. 그리고 당신은 이런 일에 대해 아무런 대응도 하지 않고요.
남편: 그런게 아니잖아.
아내: 아니긴 뭐가 아니에요? 어머님께서 우리 거실에 놓을 촌스런 분홍색 소파 가져오셨을 때, 당신이 한 말씀이라도 드렸어요? 우리가 가져오시지 말라고 분명히 말씀드렸는데도 어머님은 기어이 가져오셨잖아요? 또 저번에 저녁 잡수시러 오시라고 한 날, 나한테 닭요리 하는 법 배워야한다고 계속 강요하셨을 때, 당신이 옆에서 한마디라도 나를 도와줬어요?

아내는 호박이 담긴 통 쪽으로 걸어가서는 호박 하나를 집어 들고 흔들기 시작한다.

아내: 그리고 또 매번 우리가 좋아하지 않는다고 말씀드린 이 호박들을 한 바구니씩 던져놓고 가실 때마다, 당신이 한 말씀이라도 드렸냐고요?

남편: 그럼 나보고 어떡하라고? 내 어머니신데.
아내: 당신이 좀 나서서 나를 위해 아니 우리를 위해 어머님께 말씀을 좀 드려봐요. 우리에게서 조금만 물러나주시라고요.
남편: 말씀드리면 문제만 더 꼬일 텐데. 당신도 어머니 성격 알잖아.
아내: 나도 알아요. 하지만 그러니까 더욱 당신이 나서서 어떻게 좀 해보라는 거잖아요.
남편: 뭘 어떻게 하라고?
아내: 나는 당신이 어머님보다 당신 아내인 나를 먼저 생각해주기를 원해요.
남편: 아니, 지금 나보고 어머니하고 당신 중 한 사람만 선택하라는 거야 뭐야?
아내: 나는 단지 당신에게 있어서, 그 누구보다도 당신의 아내인 내가 아니 우리 부부가 먼저라는 사실을 알고 싶을 뿐이에요.

남편은 잠시 깊은 생각에 잠긴다.

남편: 그래, 당신 말이 맞아. 아내인 당신이 우선이 되어야하고, 우리 부부가 우선이 되어야지.
아내: 정말이에요? 진심이죠?

남편은 아내에게 다가가 그녀를 포옹한다.

남편: 그래, 진심이야.
아내: 그럼 어머님께 다시는 우리 집 부엌에 손대시지 마시라고 말씀드려줄 거에요?
남편: 그래. 기회 되는 대로 어머니께 말씀드릴게. 이제 됐어?
아내: 예, 됐어요.

남편과 아내는 한참동안을 서로 꼭 껴안고 있다가 떨어진다.

아내: 아참, 저녁 준비해야지요.
남편: 알았어. 나는 가방들 좀 이층에 두고 올게.

아내가 프라이팬을 꺼내는데, 전화벨이 울린다. 남편이 전화를 받으러 간다.

남편: 여보세요? 아, 어머니세요? 예, 재밌게 놀다가 왔어요. (잠깐 동안, 어머니의 말씀을 듣고 있는다.) 예, 집안은 아주 깨끗하네요. 부엌도 잘 정리해주셔서 감사해요.

아내는 충격에 잠시 할 말을 잃는다.

아내: 아 -----------!

아내는 프라이팬을 찬장에 다시 던져놓고는 남편을 한번 흘겨본 후, 잔뜩 화가 난 표정으로 부엌에서 퇴장한다. 남편은 아내의 행동에 깜짝 놀라서 움찔한다.

남편: (전화 수화기에 대고) 아니, 아무것도 아니에요. 아무것도……

남편은 잠시 멈추고 사태를 파악한다.

남편: (다시 전화기에 대고) 저, 어머니, 사실은 좀 말씀드릴 게 있어요. 다른 게 아니라, 저희 집 부엌에 관한 것인데요……

- 끝 -

* 비영리적인 사용을 목적으로 한 이 극본의 복사는 두 장까지 허용이 됩니다. 만약 입장료가 부과된 연극의 상영시, 은혜출판사의 허락을 받으셔야합니다.

커플 힐링 시리즈 지도자용

인쇄일	2014년 02월 25일
발행일	2014년 03월 05일
지은이	댄 알렌더, 트램퍼 롱맨 3세
옮긴이	신겸사
펴낸이	장사경
편집디자인	박소린
펴낸곳	Grace Publisher(은혜출판사)
주소	서울특별시 종로구 종로 65길 12-10
전화	(02) 744-4029 팩스 744-6578
출판등록	제 1-618호.(1988. 1. 7)

ⓒ 2014 Grace Publisher, Printed in Korea
    ISBN 978-89-7917-938-5   04230
    ISBN 978-89-7917-934-7   04230 세트
이 출판물은 저작권법에 의해 보호를 받는 저작물이므로 무단 전재와 무단 복제를 할 수 없습니다.